VIDA POR CONTAGIO

VIDA POR CONTAGIO

Reflexiones sobre el misterio de la transformación

CHRISTOPHER SHAW

Tyndale House Publishers
Carol Stream, Illinois, EE. UU.

Visita Tyndale en Internet: TyndaleEspañol.com y BibliaNTV.com.

Vida por contagio: Reflexiones sobre el misterio de la transformación

Diseño: Melanie Ann Shaw

Edición: Sam Kopterski

Para información acerca de descuentos especiales para compras al por mayor, por favor contacta a Tyndale House Publishers a través de espanol@tyndale.com.

ISBN 979-8-4005-1324-4

Impreso en Estados Unidos de América
Printed in the United States of America

32 31 30 29 28 27 26
7 6 5 4 3 2 1

A mi amada Ruth:

«Eres hermosa, amada mía;

tan hermosa que no puedo expresarlo».

CANTARES 4:1

Contenido

PRIMERA PARTE

CRISTO ENTRE NOSOTROS

PRÓLOGO

¿Cuáles son los procesos por los cuales una persona, limitada por su propia fragilidad y pequeñez, se convierte en una apasionada e intrépida seguidora de Cristo? ¿Qué debe suceder en nuestras vidas para que pasemos de ser *creyentes* a ser *discípulos*? Estas son las preguntas que impulsarán la exploración que te propongo en este libro.

El apóstol Juan identifica el rumbo por el que debemos transitar para acercarnos a algunas conclusiones: «De su abundancia, todos hemos recibido una bendición inmerecida tras otra —declara—. Pues la ley fue dada por medio de Moisés, pero el amor inagotable de Dios y su fidelidad vinieron *por medio de Jesucristo*. Nadie ha visto jamás a Dios; pero el Único, que es Dios, está íntimamente ligado al Padre. Él nos ha revelado a Dios» (Juan 1:16-18, énfasis añadido). Para conocer al Padre, debemos, queda claro, acercarnos a Jesús.

No será, sin embargo, nuestra astucia la que nos permitirá descifrar algunos de los misterios de la transformación de creyentes a discípulos. Necesitamos ese mismo milagro que le permite a Pedro confesar que se encuentra ante el Mesías, el Hijo del Dios viviente. «Esa respuesta no la has sacado de los libros ni de los maestros —le aclara Jesús—. Mi Padre que está en el cielo, Dios mismo, te hizo partícipe de este secreto sobre quién soy en verdad» (Mateo 16:17-18, BEM).

En esta primera parte del libro, nos acercaremos, entonces, a la persona de Jesús para examinar, con cuidado, las dinámicas de la relación que cultiva con los Doce. Intentaremos, a lo largo del camino, identificar las muchas conjeturas y suposiciones que, con el paso de los siglos, han pasado a ser parte de nuestra cultura evangélica sin necesariamente tener mucha conexión con las enseñanzas de la Palabra. Nuestra ambición será recuperar una visión fresca e inspiradora del verdadero desafío que nos propone Jesús: cultivar con él una relación profunda e íntima.

Para emprender juntos este viaje, sin embargo, también será necesaria una advertencia. Si lo que buscas es «el secreto» de una vida victoriosa o una «fórmula» para resolver los desafíos de tu relación con el Señor, este libro te decepcionará. La propuesta que te presenta es otra: describir cómo es la vida en el reino del cielo, ese espacio donde vive la comunidad de los que caminan con Jesús.

De esta manera, entonces, este libro intenta conducirnos por el camino que propone el apóstol Pablo: «Dejen que Dios los transforme en personas nuevas al cambiarles la manera de pensar» (Romanos 12:2). Esta es la clave de un genuino proceso de transformación. Debemos comenzar a pensar de otra manera porque ya no somos ciudadanos de este mundo.

Nosotros, al igual que el apóstol Pablo, hemos padecido la frustración que resulta de no poder convertir nuestras buenas intenciones en otra forma de vivir: «Mis decisiones, por muy buenas que sean, no se traducen en acciones. Algo falla en lo más profundo de mí y siempre me derrota» (Romanos 7:17-20, BEM). Al igual que Pablo, podemos afirmar: «Lo he intentado todo y nada ayuda. No puedo más», y nos unimos a su pregunta: «¿Hay alguien que pueda hacer algo por mí? ¿No es esa la verdadera pregunta?» (7:24, BEM). En este libro, nos aferramos, de todo corazón, a la misma inamovible conclusión a la que él arribó: «La respuesta, gracias a Dios, es que Jesucristo puede hacerlo y lo hace» (7:25, BEM).

A medida que caminemos con Jesús, entonces, aprenderemos a pensar de la misma manera que piensan los que son parte del reino. Ese cambio de perspectiva es el que permitirá que Dios nos transforme en personas enteramente diferentes a las que hemos sido.

¡Caminemos juntos con el Hijo de Dios!

CAPÍTULO 1

EXTRAÑA OBSESIÓN

Cuando Jesús aparece, a los treinta años, a las orillas del Jordán, participa de un ritual para marcar el inicio de su vida pública. Muchos en la multitud, impactados por el llamativo mensaje de Juan el Bautista, ya han escogido pasar por las aguas del bautismo. Ahora, Jesús se suma también a esa experiencia.

Juan ha estado esperando la llegada del Mesías y, por esto, cuando lo ve, no duda en señalarlo: «¡Miren! ¡El Cordero de Dios, que quita el pecado del mundo!» (Juan 1:29). A modo de explicación, les dice a los suyos: «Yo no sabía que era el Mesías, pero cuando Dios me envió a bautizar con agua, me dijo: "Aquel, sobre quien veas que el Espíritu desciende y reposa, es el que bautizará con el Espíritu Santo". Vi que eso sucedió con Jesús, por eso doy testimonio de que *él es el Elegido de Dios*» (Juan 1:33-34, énfasis añadido).

Esta firme convicción de estar frente al *Cristo*, sin embargo, se debilita notablemente cuando el rey Herodes arresta y echa a Juan a la cárcel. Estando allí, sus discípulos lo mantienen informado del increíble crecimiento en el ministerio de Jesús, relatando las señales y los prodigios que hace. El entorno duro y hostil de la cárcel, sin embargo, erosiona la certeza que tuvo en el Jordán. Decide, por esto, llamar a dos de sus discípulos y enviarlos a Jesús en busca de una respuesta a la pregunta que lo atormenta: «¿Eres tú el Mesías a quien hemos esperado o debemos seguir buscando a otro?» (Lucas 7:20).

Cuando los discípulos encuentran a Jesús, comparten con él la inquietud de Juan. Bien podría aquí el Señor echar mano de una serie de textos de las Escrituras que confirmen su identidad, como lo hará cuando se una a los dos discípulos que van camino a Emaús[1]. Podría señalar la clara contradicción que existe entre la confesión pública de Juan y las dudas que ahora experimenta. Podría denunciar la llamativa ausencia de fe que parece revelar la pregunta misma. Con el fin de convencer a los discípulos de Juan de que es, en efecto, el Elegido de Dios, Jesús incluso podría enredarse en los argumentos que tanto les encantan a los fariseos.

El Señor, sin embargo, no opta por ninguna de estas alternativas.

Lucas señala que «en ese preciso momento Jesús [sana] a muchas personas de enfermedades, dolencias, y [expulsa] espíritus malignos y les [devuelve] la vista a muchos ciegos» (7:21). Es decir, elije dejar que sus obras hablen por sí mismas. Luego, les da claras instrucciones a los dos mensajeros: «Regresen a Juan y cuéntenle lo que han *visto y oído*: los ciegos ven, los cojos caminan bien, los que tienen lepra son curados, los sordos oyen, los muertos resucitan, y a los pobres se les predica la Buena Noticia» (7:22, énfasis añadido).

Nuevas criaturas

El Señor indica, de esta manera, que la más clara evidencia de su autoridad se ve en la radical transformación que experimentan las

[1] Lucas 24:13-34.

personas a quienes ministra. Esta transformación, que no se puede alcanzar por ninguna intervención humana, ofrece un elocuente testimonio del poder y la autoridad del Cristo. Es, de hecho, el cumplimiento de la profecía de Isaías 61:

> El Espíritu del SEÑOR Soberano está sobre mí,
> porque el SEÑOR me ha ungido
> para llevar buenas noticias a los pobres.
> Me ha enviado para consolar a los de corazón quebrantado
> y a proclamar que los cautivos serán liberados
> y que los prisioneros serán puestos en libertad.
> Él me ha enviado para anunciar a los que se lamentan
> que ha llegado el tiempo del favor del SEÑOR
> junto con el día de la ira de Dios contra sus enemigos.
> A todos los que se lamentan en Israel
> les dará una corona de belleza en lugar de cenizas,
> una gozosa bendición en lugar de luto,
> una festiva alabanza en lugar de desesperación.
>
> VERSÍCULOS 1-3

La señal distintiva del ministerio de Jesús, entonces, son las vidas transformadas. Y, en muchos casos, esta transformación se manifiesta de manera dramática y categórica.

Bartimeo, mendigo ciego, recobra la vista[2].

El geraseno, desnudo y atormentado, recupera la ropa y el sano juicio[3].

Zaqueo, avaro y mezquino, se vuelve inexplicablemente desprendido[4].

El paralítico, apático y resignado, toma su camilla y camina[5].

---

[2] Marcos 10:46-52.

[3] Marcos 5:1-20.

[4] Lucas 19:1-10.

[5] Marcos 2:1-12.

La prostituta, marginada y condenada, recobra la dignidad y el propósito[6].

La mujer con el flujo de sangre, cansada y desgastada, es sanada en un instante[7].

Este impresionante desfile de vidas transformadas es el que inspira al apóstol Pablo a compartir uno de los grandes enunciados de la fe: «Si alguno está en Cristo, nueva criatura es; las cosas viejas pasaron, ahora han sido hechas nuevas» (2 Corintios 5:17, NBLA). Cada vez que alguien recupera una conexión con el Señor, la transformación es inevitable. La forma en la que ha vivido dejará de existir, de manera que ahora será, para muchos, irreconocible: el gruñón se vuelve alegre; el pesimista irradia esperanza; el quejoso vive agradecido; el egoísta pasa a ser considerado; el usurero es, ahora, desprendido; el legalista es compasivo; el peleador es manso; el criticón se va en halagos.

Cada vez que alguien recupera una conexión con el Señor, la transformación es inevitable.

El apóstol Pablo no solamente entiende que la transformación es una característica esencial de estar en Cristo, sino que nos anima a que trabajemos para facilitar este proceso:

> Puesto que, entonces, no tenemos el pretexto de la ignorancia, todo —y quiero decir todo— lo relacionado con esa vieja naturaleza tiene que desaparecer porque está podrida hasta la médula. Desháganse de ella y adopten una completamente nueva, a la manera de Dios, renovada desde el interior y que se manifieste en sus conductas a medida que él reproduzca con exactitud su carácter en ustedes.
>
> EFESIOS 4:20-24, BEM

---

[6] Lucas 7:36-50.

[7] Marcos 5:21-34.

¡Treinta y ocho años!

Ser testigos de este maravilloso desfile de vidas cambiadas nos deja con sensaciones encontradas. Por un lado, ¡nos inspira! Por otro, nos produce cierta frustración. La iglesia de la que somos parte rara vez nos ofrece este mismo dramático testimonio de vida. En muchas de nuestras congregaciones, la transformación es más una fantasía que una realidad. No es que dudemos que pueda suceder, pero pocas veces la vemos.

Frente a esta falta de ejemplos, la resignación gana terreno en nuestros corazones y comenzamos a aceptar como normal una realidad que es marcadamente diferente a las escenas de transformación que acompañan el ministerio de Jesús. Cuando nos detenemos un instante a pensar en ellas, nos sentimos obligados a considerar una incómoda pregunta: si Jesús, en las palabras del autor de Hebreos, «no cambia: ayer, hoy, mañana, siempre es el mismo» (13:7-8, BEM), ¿por qué son tan escasas en nuestras vidas las señales de verdadera transformación?

Una escena en el ministerio de Jesús puede orientarnos a la hora de encontrar una explicación. En una visita a Jerusalén, se acerca a un estanque llamado Betesda, donde se reúnen los afligidos de la ciudad. Todas las manifestaciones de dolor, de angustia y de sufrimiento se concentran en este lugar de horror donde, según el relato de Juan, «una multitud de enfermos —ciegos, cojos, paralíticos— [están] tendidos en los pórticos» (5:3). Esta muchedumbre espera, día tras día, semana tras semana, que las aguas del estanque se revuelvan. Unidos por esa extraña ingenuidad que acompaña a los desesperados, ellos creen, con inapelable certidumbre, que el primero que se meta al pozo será sanado.

En medio de esta multitud tocada por la tragedia se encuentra uno que padece una cruel invalidez. La esperanza de este hombre también está puesta en las aguas. Su condición es tan severa, sin embargo, que nunca logra moverse con suficiente prisa como para ganarles a los que compiten con él por zambullirse en el estanque.

No sabemos cuánto tiempo lleva en el pozo, pero Juan señala que lleva 38 años enfermo. Se nos conmueve el corazón cuando consideramos que esto equivale a 456 meses en un interminable calvario: 13.870 días sin encontrar una salida para su dolencia. A pesar de una seguidilla de intentos fallidos, sigue ilusionado con un método que, hasta ahora, no le ha dado resultado alguno. ¡Cuánta insistencia para cosechar frutos tan miserablemente magros!

¡Qué pregunta!

Cuando Jesús lo ve, y descubre cuántos años lleva enfermo, siente profunda compasión por él, esa maravillosa cualidad que permite sentir como propio el dolor de otra persona. Se le acerca con una pregunta sencilla: «¿Te gustaría recuperar la salud?» (Juan 5:6).

No podemos disimular nuestra sorpresa, porque literalmente todos los enfermos en este lugar de sufrimiento comparten una característica en común: el profundo anhelo de experimentar un milagro de sanidad. A pesar de lo obvio de la respuesta, me atrevo a afirmar que Jesús intenta sacar a la luz algo que este hombre no ve. De seguro percibe la resignación que se instala en personas que llevan mucho tiempo padeciendo una dolencia, esa condición en la que aprendemos a convivir con nuestro mal y, en muchos casos, usarlo como excusa para justificar un sinfín de oportunidades desaprovechadas.

Así lo he observado durante más de cuarenta años de ministerio. He conocido a muchas personas que se han quedado congeladas en el tiempo, golpeadas por alguna experiencia traumática que sucedió en el pasado. Todas las conversaciones que entablo con ellas inevitablemente desembocan en volver a hablar de lo que les sucedió hace tantos años. Recuerdo, en especial, a un hombre que vivió una durísima separación de su esposa. A pesar de que han transcurrido más de veinte años, intenta convencerme, cuando lo veo, de que aquella experiencia le «arruinó la vida». La seguidilla de fracasos laborales que ha experimentado se deben, en gran parte, a que intenta avanzar hacia el futuro... ¡mirando hacia atrás!

Extraña obsesión

La pregunta de Jesús, entonces, es más profunda de lo que percibimos. Le propone a este varón el desafío de hacerle frente a la vida sin la muleta de la enfermedad con la que, durante tantos años, ha convivido. Tendrá que aprender a vivir de nuevo, un reto que despierta siempre profundos temores porque implica abandonar lo familiar para salir en pos de lo nuevo. Nuestra humanidad, como afirma el popular refrán, siempre *se inclina más por lo malo conocido que por lo bueno por conocer.*

La respuesta del enfermo es la mejor ilustración de esa desconcertante locura que, tal como se ha observado, nos lleva a creer que haciendo lo mismo una y otra vez vamos a cosechar resultados diferentes. «Señor, no tengo a nadie que me meta en el estanque cuando el agua es agitada; y mientras yo llego, otro baja antes que yo», le dice a Jesús (Juan 5:7, NBLA). Convencido de que su única opción es el estanque, no logra concebir que la sanidad pueda llegar por otro camino que no sea zambullirse en el agua.

Cuando contemplo a esta patética figura, no puedo dejar de pensar en esa multitud de personas que he conocido en una gran diversidad de congregaciones a lo largo y a lo ancho de nuestro continente. Llevan años de fiel asistencia a una interminable sucesión de reuniones, estudios, retiros y congresos. Al cabo de apenas diez años, habrán escuchado más de quinientos sermones y participado de decenas de cursos y seminarios. Sus vidas, sin embargo, muestran escasas señales de verdadera transformación. Muchas de ellas siguen siendo las mismas personas que eran antes de conocer al Señor, atormentadas por los mismos malos hábitos de siempre. Resignadas, viven también con esta inexplicable fijación, creyendo contra toda esperanza que van a cosechar resultados diferentes haciendo lo mismo que hacen semana tras semana, mes tras mes, año tras año.

Más y mejor

En medio de nuestra inalterable rutina religiosa, Jesús también se acerca a nosotros y nos susurra: «Yo vine para que puedan tener vida real y eterna, más y mejor vida de la que jamás soñaron» (Juan 10:6-10, BEM). Al igual que el enfermo en el estanque de Betesda, sin embargo, nuestra obsesión con la vida cristiana, según la hemos concebido, no nos permite creer que la plenitud pueda llegar por algún otro camino. Resignados, nos entregamos a esa interminable secuencia de encuentros que, en muchos casos, ha adormecido nuestras almas. ¿Será que nosotros también nos hemos quedado atrapados en esa locura de creer que haciendo siempre lo mismo cosecharemos resultados diferentes?

Me embarco en la tarea de escribir este libro aferrado a una inamovible convicción: una vida transformada sigue siendo tan posible hoy como lo es en el momento en que Jesús camina por Israel, afectando, de manera dramática, a las incontables personas a las que ministra. Me atrevo a seguir afirmando que esta clase de vida es una de las señales distintivas de un discípulo.

Para descifrar algo del misterio de la transformación, será necesario regresar a las escenas que describen los Evangelios. Solamente allí podremos recuperar una visión fresca y apasionante de lo que significa ser un seguidor de Jesús. Buscaremos la forma de unirnos al grupo de personas que lo acompañan por los campos, las aldeas y las ciudades de Israel. Intentaremos entender, al observar las dinámicas que se producen en los incontables intercambios que comparten los Doce con Jesús, de qué manera podemos replicar esa vida en el complejo entorno en el que vivimos hoy.

> Una vida transformada sigue siendo tan posible hoy como lo es en el momento en que Jesús camina por Israel, afectando, de manera dramática, a las incontables personas a las que ministra.

Alcanzar esta meta exige que definitivamente le demos la espalda al pozo donde transcurre la rutina de la vida religiosa. La transformación no vendrá desde allí. ¡No insistamos más por ese camino! Claramente hemos perdido, en nuestro andar, los ingredientes indispensables para que Jesús produzca en nosotros esa revolución que nos permitirá crecer, con paso firme, hasta «la medida de la estatura de la plenitud de Cristo» (Efesios 4:13, NBLA).

El camino que vamos a recorrer requiere que nos aferremos, con convicción, a la declaración de uno de los primeros seguidores de Jesús: «Todo lo que implique una vida que agrade a Dios se nos dio de manera milagrosa *al conocer, de forma personal e íntima*, a aquel que nos invitó a acercarnos a él. ¡La mejor invitación que jamás hayamos recibido!» (2 Pedro 1:3-4, BEM, énfasis añadido). Sus palabras revelan la clave para echar mano de una vida de transformación: necesitamos cultivar, de manera personal e íntima, una relación con la persona que nos ha invitado a transitar por este camino, Jesús mismo.

¡A caminar!

El libro que tienes en tus manos te presenta algunas propuestas concretas. En cada capítulo, vamos a poner por obra la exhortación que nos deja el Señor por medio del profeta Jeremías:

> Deténganse donde se cruzan los caminos y miren a su
> alrededor.
> Pidan las direcciones para ir al camino antiguo,

El camino que demostró ser verdadero.
Luego síganlo.
Descubran cuál es la ruta correcta para el alma de ustedes.
JEREMÍAS 6:16-20, BEM

Necesitamos, con desesperación, volver a la fuente para que la verdad de Dios nos provea la orientación que necesitamos. Buscaremos recuperar los principios fundamentales sobre los que se edifica una relación con el Señor que transforma. A lo largo del camino, quedarán expuestos aquellos rituales que son más propios de la cultura evangélica que de una sana espiritualidad bíblica.

La figura central de nuestras reflexiones será la persona de Jesús y su relación con los Doce discípulos. Mi deseo es hacerte partícipe de la fascinación que he experimentado durante cuarenta años de estudiar los Evangelios. Quisiera que te unas al anhelo que tengo por entender los procesos y las dinámicas que sostienen la vida del Hijo de Dios. Mi esperanza es que la asombrosa y sorprendente figura de Cristo seduzca nuestros corazones y nos despierte a un romance que dure toda la vida.

La clave para echar mano de una vida de transformación es cultivar, de manera personal e íntima, una relación con la persona que nos ha invitado a transitar por este camino, Jesús mismo.

De esta exploración del texto se desprenderán, por el camino, sugerencias sobre la forma en la que podemos nosotros incorporar a nuestras vidas estos principios. De nada sirve la observación de la Palabra si no nos orienta hacia experiencias que transformen nuestra relación con el Señor.

Me gustaría definitivamente desterrar de nuestra mirada la idea de que, con estas sugerencias, vamos a describir un *método*. Hemos sufrido demasiado tiempo bajo el peso de la lista de cosas que «debería hacer un buen cristiano». Juntos queremos aferrarnos, desde el inicio de este peregrinaje, a la convicción de que la propuesta de Jesús solamente se entiende en el marco de una relación. Las relaciones interpersonales no se cultivan con métodos, sino con actitudes que reflejan el compromiso de amor que las sustenta.

> De nada sirve la observación de la Palabra si no nos orienta hacia experiencias que transformen nuestra relación con el Señor.

Mientras avanzamos en nuestra exploración, compartiré contigo algunas anécdotas, las cuales encontrarás en la sección «Escenas de contagio». Allí intentaré mostrarte, con ejemplos prácticos, la manera en la que nuestras vidas pueden ser impactadas por este proceso de contagio.

Por este camino, descubriremos que ciertas prácticas contribuyen poco al objetivo de vivir a Cristo cada día. Si logramos, a lo largo del camino, recuperar una experiencia de genuina intimidad con el Señor, habremos dado un importantísimo paso hacia la transformación. De hecho, la evidencia de cambios trascendentales de carácter será uno de los elementos que servirán para confirmar que avanzamos en la dirección correcta.

En cada capítulo, te encontrarás también con al menos una invitación a detenerte. Siempre resulta provechoso que le ofrezcamos al corazón la oportunidad de alcanzar a la mente, la cual invariablemente corre más rápido que el espíritu.

En este espacio que llamo *momento de quietud*, te ofreceré la oportunidad de realizar algunos ejercicios. Si te pareces a mí, te sentirás tentado a saltarte esta parte para seguir con la lectura del libro. Quisiera, sin embargo, animarte a que te resistas a esa inclinación. Estos ejercicios nos ofrecen la oportunidad de establecer momentos en los que el Señor, de la mano del Espíritu, puede hablarnos específicamente sobre desafíos particulares a nuestras vidas. Los momentos más preciosos en nuestro peregrinaje llegan, por lo general, cuando nos detenemos, por un instante, con el oído atento para escuchar al Señor.

> La propuesta de Jesús solamente se entiende en el marco de una relación.

Momento de quietud

Te extiendo aquí, entonces, la primera de estas invitaciones. Es un buen momento para reflexionar sobre algunas preguntas. No te apures al elaborar tus respuestas. Más bien, aquieta tu corazón y deja espacio para que el Espíritu pueda guiar tu reflexión. Él ve aspectos de tu vida que no podrás descubrir sin su asistencia. Solamente de su mano lograrás la más productiva meditación. Las preguntas se aprovechan mejor cuando las usamos para entablar una conversación relajada y honesta con el Señor. ¡No lo dejes fuera de tus reflexiones!

Quisiera, además, animarte a que no limites tus respuestas a tu cabeza. La disciplina de escribir siempre nos ayuda a ordenar y fijar las ideas con las que trabajamos. Yo he usado, durante años, mi computadora para acompañar mis reflexiones en la Palabra cada mañana. Puedes usar tu celular, tu tableta o un anotador, o puedes aprovechar el espacio que he dejado en este mismo libro.

1. ¿Qué alegrías identificarías como parte de tu experiencia con Jesús?

2. ¿Cuáles han sido tus mayores frustraciones a la hora de cultivar una relación de intimidad con Jesús?

3. ¿En qué áreas de tu vida sientes que has experimentado poca transformación?

4. Si pudieras describir la vida de una persona apasionada por la persona de Jesús, ¿qué características tendría?

5. Si Jesús estuviera sentado frente a ti, ¿qué le dirías? ¿Qué necesidad compartirías con él?

6. ¿Cómo te imaginas que Jesús respondería a lo que compartes con él?

7. ¿De qué manera quisieras que Jesús use este libro para ayudarte a cultivar una relación más profunda con él?

CAPÍTULO 2

ASOMBROSA EXPERIENCIA

En el árido desierto de Sinaí, nos topamos con una de las escenas más elocuentes de transformación que ofrece la Palabra, una imagen que vale mucho más que mil palabras. Una enorme multitud de israelitas, que han huido de la esclavitud en Egipto, avanzan hacia la tierra que Dios les ha prometido. Periódicamente, la columna con la que el Señor los guía se detiene. Cuando esto sucede, los israelitas interrumpen su marcha y levantan un gigantesco campamento, en el cual permanecerán hasta que llegue la indicación de ponerse otra vez en marcha.

La figura al frente de este pueblo, Moisés, arma a cierta distancia del campamento una carpa de reunión en la que acostumbra entrar a la presencia de Dios. Dentro de este espacio sagrado se producen encuentros en los que «el Señor [habla] con Moisés cara a cara, como cuando alguien habla con un amigo» (Éxodo 33:11). Cuando Aarón y Miriam ponen un manto de dudas sobre la legitimidad del ministerio de Moisés, el Señor mismo apela a la relación que disfrutan: «Si hubiera profetas entre ustedes —les dice—, yo, el Señor, me revelaría en visiones; les hablaría en sueños. Pero no con mi siervo Moisés. De toda mi casa, él es en quien confío. Yo le hablo a él cara a cara, ¡con claridad y no en acertijos! Él ve al Señor como él es» (Números 12:6-8).

La sorprendente intimidad de estas reuniones tiene un llamativo efecto en la vida de Moisés. ¡Su semblante literalmente brilla con la gloria de Dios! Y esta increíble alteración se repite cada vez que él entra a la carpa, de modo que siempre que sale a hablar con la gente, «el pueblo de Israel [ve] el brillante resplandor de su rostro» (Éxodo 34:35).

Este relato, tan maravillosamente descriptivo, nos invita a detenernos, por un instante, para identificar algunos de los componentes esenciales que acompañan una experiencia de transformación.

Lo primero que observamos, asumiendo el riesgo de señalar lo obvio, es que este resplandor es el resultado directo de haber estado en la presencia de Dios. Esto es lo que, en el análisis de un texto, se conoce como *causa y efecto*. Señala que existe una conexión directa entre la intimidad con el Señor (causa) y la dramática manifestación en el semblante de Moisés (efecto).

Hacemos bien en tomar nota de esta conexión, porque siempre luchamos con ceder ante la insinuación de la serpiente, en el jardín de Edén, que el camino de la independencia nos ofrece nuestra mejor oportunidad de llegar a ser «como Dios» (Génesis 3:5). Si el Señor no es el protagonista en nuestras vidas, sin embargo, acabaremos perdiendo mucho tiempo y derrochando mucho esfuerzo.

Más que parientes

Cuánta belleza contiene esta frase: «El Señor [habla] con Moisés cara a cara, como cuando alguien habla con un amigo» (Éxodo 33:11). Se trata de un intercambio completamente distinto al que podemos tener con un vecino con el que nos cruzamos unos minutos por la mañana o con un pariente que vemos una vez al año en alguna fiesta familiar. Cuando pensamos en la profunda riqueza de esta relación, no podemos evitar una sensación de cierta vergüenza. La verdad es que nuestras propias experiencias con el Señor a veces se asemejan más a un trámite que a un encuentro de amigos.

Si el Señor no es el protagonista en nuestras vidas, acabaremos perdiendo mucho tiempo y derrochando mucho esfuerzo.

¡Cuánto anhela el alma encontrar la forma de disfrutar de esta clase de amistad con Dios, de hablar con él cara a cara como un amigo habla con otro!

> Como el ciervo anhela las corrientes de agua,
> Así suspira por Ti, oh Dios, el alma mía.
> Mi alma tiene sed de Dios, del Dios viviente;
> ¿Cuándo vendré y me presentaré delante de Dios?
> SALMO 42:1-2, NBLA

El gemido de David es también el nuestro, porque sentimos, en lo más profundo de nuestro ser, que fuimos creados para esta clase de relación.

Este deseo, descubrimos, proviene del mismo Señor, quien nos dice: «Ven y conversa conmigo» (Salmo 27:8). Y cuando, en medio de las corridas de la vida cotidiana, logramos aquietarnos lo suficiente, nos atrevemos a responder, junto al salmista: «Aquí vengo, SEÑOR» (27:8). Definitivamente queremos recuperar una relación con él en la que nuestros encuentros sean más conversación y menos rutina.

Momento de quietud

El texto del Salmo 27 es precioso. Quisiera invitarte a que te detengas, un instante, para leer desde el versículo 4 hasta el 10:

Lo único que le pido al Señor
—lo que más anhelo—
es vivir en la casa del Señor todos los días de mi vida,
deleitándome en la perfección del Señor
y meditando dentro de su templo.
Pues él me ocultará allí cuando vengan dificultades;
me esconderá en su santuario.
Me pondrá en una roca alta donde nadie me alcanzará.
Entonces mantendré mi cabeza en alto,
por encima de los enemigos que me rodean.
En su santuario ofreceré sacrificios con gritos de alegría,
y con música cantaré y alabaré al Señor.

Escúchame cuando oro, oh Señor;
¡ten misericordia y respóndeme!
Mi corazón te ha oído decir: «Ven y conversa conmigo».
Y mi corazón responde: «Aquí vengo, Señor».
No me des la espalda;
no rechaces a tu siervo con enojo.
Tú siempre has sido mi ayudador.
No me dejes ahora; no me abandones,
¡oh Dios de mi salvación!
Aunque mi padre y mi madre me abandonen,
el Señor me mantendrá cerca.

Si las palabras del salmista expresan tu anhelo, convierte sus frases en tu oración.

Luego, reflexiona sobre esta pregunta:

> ¿Cuáles son las razones por las que el salmista desea vivir en la casa de Dios todos los días de su vida, deleitándose en la perfección del Señor?

¡No lo sabe!

La escena que describe Éxodo contiene un llamativo detalle: Moisés «no [sabe] que la piel de su rostro [resplandece] por haber hablado con Dios» (Éxodo 34:29, NBLA). En nuestra cultura tan orientada hacia las sensaciones personales, este dato resulta más que curioso. Insinúa que la obra del Señor puede, en ocasiones, pasar desapercibida para la persona transformada. De hecho, Moisés no sabe en qué momento se produjo esa transformación, ni puede explicar el mecanismo que la facilitó. Solamente se entera de lo sucedido cuando ve la reacción de la gente frente a él. No podría, sin embargo, compartir con ellos un «método» para generar ese cambio, porque ignora por completo los medios que lo han producido.

> Queremos recuperar una relación con él en la que nuestros encuentros sean más conversación y menos rutina.

Nos encontramos aquí, entonces, frente a una gran paradoja. Moisés tiene muy poco que ver con la dramática transformación que experimenta. De hecho, el proceso claramente parece fluir de Dios hacia él: la gloria del Altísimo alterando, de manera dramática, a quien logra atravesar la barrera de la intimidad. La única parte del proceso que controla Moisés es la decisión de entrar a la presencia del Señor, de ubicarse en ese espacio en el que se produce el mismo franco intercambio que comparte un amigo con otro amigo. La transformación no es la meta, sino el resultado, de esta amistad.

Aceptar lo inaceptable

El misterio que acompaña el proceso de transformación nos invita a un importante cambio de perspectiva. Somos parte de un mundo obsesionado con el conocimiento. Nos hemos aferrado a la idea de que «el conocimiento es poder», la cual se cree fue acuñada por Francis Bacon, filósofo inglés, hace unos cuatrocientos años.

Este insaciable apetito por explicarlo todo, a través de la información, nos lleva a creer que el conocimiento nos dará los medios para controlar la vida y el entorno en el que estamos. Inmersos en una cultura que ha popularizado el concepto de la autoayuda, nos seduce la idea de establecer metas de crecimiento para nuestras vidas. Creemos que, con esfuerzo y dedicación, podremos lograr los cambios que anhelamos.

La experiencia de Moisés, sin embargo, hace tambalear estas prolijas ambiciones.

Y el relato de Éxodo no es el único lugar donde nos cruzamos con este misterio. Jesús también alude a él, usando como ejemplo una simple semilla. La persona que la plantó —les dice a los discípulos— «se acuesta y se olvida de ella. La semilla brota y crece, y él no tiene idea de cómo sucede. La tierra lo hace todo sin su ayuda» (Marcos 4:26-29, BEM).

La transformación no es la meta, sino el resultado, de esta amistad.

Cuando Jesús conversa con Nicodemo, vuelve a recalcar el elemento invisible en la intervención divina: «Tú sabes muy bien cómo sopla el viento de un lado a otro. Lo escuchas susurrar entre los árboles, pero no tienes idea de dónde viene o hacia dónde se dirige. Así es con todos los que "nacen de lo alto" por el viento de Dios, por el Espíritu de Dios» (Juan 3:7-8, BEM).

Entendemos, entonces, que las manifestaciones de la transformación son claramente visibles, pero la forma en la que se produce permanece oculta. Así que, inevitablemente, deberemos renunciar al deseo de producir cambios en nuestras vidas. Ni nuestros esfuerzos ni nuestras buenas intenciones lograrán producir los cambios anhelados.

Desprovistos de nuestra disciplina, deberemos apelar a la misericordiosa bondad de Dios. La verdad es que podemos, como hace el agricultor, proveer algunos ingredientes —tales como «el agua» o «un buen fertilizante»— que colaboren con el crecimiento, pero el medio por el que germinará la semilla está más allá de nuestro alcance. Algunos de esos ingredientes son los que queremos explorar en este libro, pero la clave no radica en nuestras acciones, sino en las relaciones que cultivamos con el Señor y con otros.

Ni nuestros esfuerzos ni nuestras buenas intenciones lograrán producir los cambios anhelados.

Saber que el crecimiento no está en nuestras manos nos permitirá mirar de otra forma a nuestro prójimo. Dejaremos de exigirles, a aquellos a nuestro alrededor, que «crezcan de una vez», como si su falta de madurez se debiera simplemente a una falta de voluntad. Podremos extenderles misericordia porque entendemos que nosotros mismos somos los que más la necesitamos.

Podremos, también, corregir nuestra irremediable inclinación por reducir los desafíos de la vida a tres, cinco o siete pasos fáciles. Evaluaremos, con una buena dosis de escepticismo, toda propuesta que nos prometa una fórmula para alcanzar el éxito: ese permanente desfile de libros y talleres que nos explican cómo amar, cómo vencer, cómo crecer, cómo discipular, cómo criar o cómo triunfar. Entendemos, también, que nuestra inamovible confianza de que un retiro, un seminario o un congreso vaya a producir profundos cambios de corazón tiene poco que ver con las verdaderas dinámicas de la transformación.

Todas estas limitaciones, sin embargo, no deben ser motivo de frustración. Más bien, nos impulsan a rendirnos a los pies de nuestro gran Dios. Le decimos, con absoluta humildad: «Si tú no haces la obra, nada podemos hacer». Esta confesión, tan extraña, ¡es el principio de un camino nuevo! Le asesta un duro golpe al tenaz espíritu de independencia que tantos dolores de cabeza nos ha producido. Nos convierte en partícipes del maravilloso descubrimiento del apóstol Pablo cuando señala que el Señor le ha dicho: «Mi gracia es todo lo que necesitas; mi poder actúa mejor en la debilidad» (2 Corintios 12:9).

La clave no radica en nuestras acciones, sino en las relaciones que cultivamos con el Señor y con otros.

Momento de quietud

Este es un buen momento para que detengas, por un instante, tu lectura. Te invito a que, una vez que te hayas aquietado un poco, hagas tuya esta oración:

> *Señor, recordar que me encuentro frente a algo misterioso que no puedo descifrar, ni controlar, me produce ciertos temores. No me siento cómodo con las cosas que no puedo manejar, porque así me lo ha enseñado la cultura que me rodea. Hoy, sin embargo, quiero celebrar que estoy conectado con alguien que sí entiende el misterio de la transformación. Elijo alejar mis ojos de las metas, los objetivos y las conquistas que quisiera para mi vida, y fijar mi mirada en tu persona. Confío en ti, Señor, y afirmo mi certeza de que, conforme a tu promesa, completarás en mi vida la obra que comenzaste en Cristo Jesús. Amén.*

No es para mí

La imagen del rostro de Moisés que resplandece nos sorprende con otro detalle: no brilla para el beneficio de Moisés, sino para los demás. Esto recalca que los principales favorecidos de la obra transformadora de Dios son aquellos que comparten la vida con nosotros. Nos ayuda a entender por qué nos resulta tan difícil identificar procesos de transformación en nuestro interior. Otros verán con mucha más claridad que nosotros lo que sucede en nuestras vidas. Si bien hemos sido llamados a caminar hacia la transformación, será el testimonio de otros lo que mejor confirme la obra de Dios en nuestros corazones.

> Los principales favorecidos de la obra transformadora de Dios son aquellos que comparten la vida con nosotros.

Depender de esta confirmación para saber que Dios obra en nuestras vidas golpea fuerte en una cultura que considera que las sensaciones personales de bienestar son la mejor validación de una conexión espiritual en nuestras vidas. Una y otra vez, nos cruzamos con personas convencidas de que han logrado conectarse con Dios porque «se sienten bien» o porque «sienten la presencia del Señor» en una reunión. Estas agradables sensaciones tienden a alimentar la búsqueda de otras experiencias que evoquen percepciones similares. Sin darnos cuenta, quedamos atrapados en un sistema cuya efectividad depende de su capacidad de generar tales emociones. La alegría de saber que la gente «la pasó bien» en un encuentro nos ha llevado a dejar de prestarle atención a la alarmante ausencia de cambios significativos que genera ese mismo evento.

La experiencia de Moisés debe servir como advertencia. Lo que tiene peso no es lo que nosotros afirmamos sobre nuestras vidas, sino lo que afirman los demás. Es posible, por ejemplo, que nos consideremos personas generosas, amorosas o pacientes. Nuestra evaluación, sin embargo, solamente sirve cuando otros ven en nosotros esas mismas cualidades. De no ser así, simplemente nos hemos engañado acerca de quienes somos realmente. Hemos olvidado lo que advierte el profeta Jeremías: «El corazón es irremediablemente oscuro y engañoso, un enigma que nadie puede descifrar» (17:9-10, BEM). Es necia la persona que se entusiasma con su propia evaluación de quién es.

Si nuestros semejantes no ven claros indicios de transformación en nuestras vidas, es probable que las experiencias que nosotros definimos como «espirituales» no lo sean tanto.

Te necesito

La dependencia sobre el testimonio de otros es un detalle incómodo porque vivimos en una sociedad que, por defender a ultranza el derecho del individuo por encima del compromiso con el prójimo, ha convertido en virtud el egoísmo. Las figuras admiradas en esta cultura son los personajes aguerridos que han luchado, contra viento y marea, para alcanzar el éxito. Incomprendidos y resistidos, hicieron oídos sordos a las objeciones de los demás y demostraron, con el tiempo, que ellos tenían razón.

La iglesia no ha sido ajena a esta perspectiva. De hecho, la mayoría de nosotros creemos que podemos seguir al Señor «a nuestra manera», sin depender de nadie. Estamos convencidos de que nosotros, solitos, con nuestra Biblia y con nuestro Dios, podemos llegar a ser verdaderos gigantes de la fe. Nuestras canciones y mucha de nuestra literatura alimentan esta percepción, de manera que comenzamos a considerar a los de nuestro alrededor una molesta distracción que solo complica poder avanzar hacia lo que a nosotros nos interesa.

> Lo que tiene peso no es lo que nosotros afirmamos sobre nuestras vidas, sino lo que afirman los demás.

La vida plena en el reino no puede ser alcanzada por este camino. El mensaje insistente del Nuevo Testamento es que el crecimiento espiritual solamente es posible cuando gozamos de conexiones sanas y significativas con otros que son peregrinos en el mismo camino. «Todo el cuerpo —señala el apóstol Pablo— estando bien ajustado y unido por la cohesión que las coyunturas proveen, conforme al funcionamiento adecuado de cada miembro, produce el crecimiento del cuerpo para su propia edificación en amor» (Efesios 4:16, NBLA).

Incluso si yo soy esforzado y responsable en mi relación con Cristo, necesito el aporte de otros para alcanzar la madurez.

Pablo marca, de esta manera, una clara diferencia con esa idea, tan atrincherada en la iglesia, de que «mi crecimiento depende exclusivamente de mi propio esfuerzo». Incluso si yo soy esforzado y responsable en mi relación con Cristo, necesito el aporte de otros para alcanzar la madurez. Esta no es una opción, y por eso la primera experiencia de los discípulos con Jesús es, justamente, en comunidad.

Por muchas razones, las cuales examinaremos en detalle más adelante, necesitamos el aporte de nuestra familia espiritual para entender lo que sucede en nuestras vidas. Aquellos que comparten con nosotros nuestro peregrinaje nos ofrecen una perspectiva a la cual no podemos acceder por ningún otro medio. Solamente a través de relaciones significativas con nuestros hermanos podremos echar mano de la vida abundante que Dios nos ha prometido. Por eso resulta tan provechoso hablar con otros sobre las dificultades y los desafíos que enfrentamos. Muchas veces, ellos nos ayudan a considerar un aspecto que no hemos tomado en cuenta o a mirar desde otro punto de vista una situación para la que no encontramos una solución. En mi vida, he sido enriquecido, una y otra vez, por el valioso aporte de otros que me han ayudado a ver algo que jamás hubiera descubierto por mi propia cuenta.

Aquellos que comparten con nosotros nuestro peregrinaje nos ofrecen una perspectiva a la cual no podemos acceder por ningún otro medio.

Momento de quietud

Las relaciones interpersonales no se dan por accidente. Deben ser cultivadas con paciencia y con perseverancia. Quizás en este momento no puedas identificar a una persona que sea un verdadero compañero en tu peregrinaje, pero seguramente, por el camino, algunas personas han marcado tu vida. Toma un momento para darle gracias a Dios por el regalo que han sido estas personas para ti. Si aún tienes contacto con ellas, no dejes pasar la oportunidad para expresarles tu aprecio.

Quisiera sugerirte dos pasos para que puedas cultivar, en el presente, relaciones interpersonales profundas:

1. Comienza a incluir, en tus momentos de oración, un pedido al Señor de que te provea los compañeros que necesitas. Pídele que abra también tus ojos. A veces las personas que necesitamos son parte de nuestras vidas, pero no las estamos viendo.

2. A tu oración súmale esta otra reflexión: ¿qué puedo hacer yo para comenzar a ser la compañera o el compañero que otros necesitan? ¿De qué manera puedo yo ser de bendición para los que están a mi alrededor?

Remedio transitorio

El resplandor en el rostro de Moisés trae aparejado dos complicaciones.

Por un lado, cuando se dispone a compartir con el pueblo el mensaje que trae de parte del Señor, la gente no se atreve a acercarse a él[8]. Por esto, Moisés necesitará una forma de proteger al pueblo del pavor que les produce ver a un hombre con el rostro iluminado por la gloria de Dios, pues la intención del Señor no es asustar al pueblo, sino cultivar en ellos un temor reverente hacia su persona.

La otra dificultad es que el brillo que tanto asusta a los israelitas pierde, con el paso de los días, su intensidad. Si Moisés no vuelve a entrar en la presencia del Altísimo, su rostro acaba siendo igual al de cualquier otra persona en el campamento. Es posible que él sienta que pierde, en ese momento, el peso de la autoridad que posee frente al pueblo.

Para resolver estas dos dificultades, «cuando Moisés [acaba] de hablar con ellos, [pone] un velo sobre su rostro» (Éxodo 34:33, NBLA). El apóstol Pablo no duda en señalar que este velo esconde, de alguna manera, la fragilidad de la relación que sostiene Moisés con Dios[9]. Sirve para recordarnos que una conexión de intimidad con el Señor requiere de un ejercicio continuo. Es decir, una experiencia espiritual profunda, aun cuando posea características asombrosamente sobrenaturales, no podrá asegurar, de una vez por todas, un estado de madurez espiritual. Será necesario nutrir la relación de continuo, pues es la cercanía al Señor la que favorece que su gloria sea visible en nosotros.

El velo, además, le provee al pueblo una señal visible de la separación que existe entre ellos y la persona de Dios. Al igual que la cortina en el templo, la cual divide el lugar santo del Lugar Santísimo, este velo les recuerda que su incurable tendencia de

[8] Éxodo 34:30.
[9] 2 Corintios 3:7.

dudar de la bondad del Señor constituye una insuperable barrera a la hora de conectarse con él. Aunque han visto una y otra vez la manifestación del cuidado de Dios sobre sus vidas, no dejan de endurecer sus corazones, rehusando hacer lo que él les pide. Acaban por excluirse de la clase de intimidad que experimenta Moisés cuando entra a la carpa de reunión para pasar tiempo con el Señor. El velo sirve como recordatorio del principio universal que enuncia el autor de Hebreos: sin santidad, nadie podrá ver el rostro de Dios[10].

Una experiencia espiritual profunda, aun cuando posea características asombrosamente sobrenaturales, no podrá asegurar, de una vez por todas, un estado de madurez espiritual.

[10] Hebreos 12:14.

Momento de quietud

Quisiera invitarte a que cierres este capítulo leyendo la maravillosa oración que contiene el Salmo 131:

> SEÑOR, mi corazón no es orgulloso;
> mis ojos no son altivos.
> No me intereso en cuestiones demasiado grandes
> o impresionantes que no puedo asimilar.
> En cambio, me he calmado y aquietado,
> como un niño destetado que ya no llora por la leche de su madre.
> Sí, tal como un niño destetado es mi alma en mi interior.
>
> Oh Israel, pon tu esperanza en el SEÑOR,
> ahora y siempre.

El salmista apela a un niño recién amantado para explicar cómo se siente. Si alguna vez has observado a un pequeño en este contexto, sabrás que es la más sublime imagen del contentamiento. Lleno de la sabrosa leche materna, muy pronto abandonará su resistencia al sueño que, con insistencia, lo llama.

El contentamiento del salmista se debe a que ha renunciado a sus intentos de entender «cuestiones demasiado grandes o impresionantes» que están más allá de sus frágiles aptitudes humanas. Percibe, con intensa nitidez, sus propias limitaciones. Entiende que, al acerarnos al Señor, será necesario «quitarnos las sandalias» porque nos encontraremos ante la presencia de Aquel que es esencialmente diferente a nosotros.

Esa diferencia es una de las razones por las que la transformación retiene su carácter de misterio. El salmista nos provee una buena orientación a la hora de aquietar nuestras ansias por descifrar este enigma. Queremos asumir el desafío de aprender a sentirnos cómodos con lo que no entendemos. No es por el camino del análisis que encontraremos reposo, sino en la amistad con Aquel que nos extiende esta invitación: «Ven; conversemos juntos». Por eso, no te vayas sin compartir tus sensaciones con el Señor.

ESCENAS DE CONTAGIO

Cuando pienso en rostros que resplandecen, recuerdo un memorable encuentro en Los Ángeles. La persona invitada a compartir reflexiones con el grupo era Richard Foster, el autor de *Alabanza a la disciplina*. Richard ha explorado, durante décadas, el uso de las disciplinas espirituales como medio de conexión con Dios. No recuerdo mucho lo que compartió, pero me impactó profundamente el resplandor de su rostro. Es difícil explicarlo con palabras, pero el semblante de Richard poseía una luminosidad que yo nunca había visto. Fue la primera vez que entendí algo de la experiencia de los israelitas con Moisés.

Pienso también en mi amigo querido José Luis, pastor de una iglesia en Argentina. En cierta ocasión, lo visité cuando él acababa de completar un ayuno de cuarenta días. Su vida, en ese momento, poseía una belleza y una profundidad poco usual entre pastores. Por el camino, he tenido el privilegio de cruzarme con otros santos con esta característica, lo que me confirma que la experiencia de Moisés puede darse también entre nosotros. Cada uno de ellos ha sido una persona que me ha inspirado con la profundidad de su amistad con el Señor.

ESCENAS DE CONTAGIO

En cierta ocasión, buscaba una casa para alquilar. Me reuní entonces con una agente de bienes raíces para que me mostrara una vivienda que me interesaba. Cuando terminamos el recorrido, ella se detuvo y me preguntó:

—¿Te puedo decir algo?

—Claro —le respondí.

—Percibo en tu vida una paz que nunca he visto en otra persona —me dijo.

Me sorprendió su comentario, pues ella no era una persona con alguna inclinación espiritual. Mi reacción inicial, además, fue pensar en las muchas fragilidades, complicaciones y luchas que eran parte de mi vida en ese momento. Avergonzado, no supe bien cómo responderle, aunque sí atiné a explicarle que la paz que veía no era la mía, sino la del Jesús con quien intentaba caminar.

A pesar de mi incomodidad, su comentario me llevó a pensar que otros, aun con poca sensibilidad espiritual, perciben en nuestras vidas realidades que nosotros no podemos percibir. Su testimonio confirmó que, a pesar de las complicaciones, Dios realizaba en mi corazón su preciosa obra de transformación.

CAPÍTULO 3

¡ADIÓS AL VELO!

El relato de la increíble transformación de Moisés puede despertar en nosotros cierta desazón. Quizás la sintamos demasiado alejada de nuestra realidad: una experiencia extraordinaria que nunca podría suceder en nuestras propias vidas. El apóstol Pablo, sin embargo, sale al encuentro de nuestros reparos con una inimaginable revelación. La misma tiene sus orígenes en el instante en el que Cristo, en la cruz, entrega su espíritu al cuidado del Padre: «En ese momento, la cortina del templo se rasgó en dos, de arriba abajo. Hubo un terremoto y las rocas se partieron en pedazos. Además, se abrieron los sepulcros y se levantaron muchos cuerpos de creyentes que dormían en sus tumbas» (Mateo 27:51-53, BEM).

Esta inaudita convulsión señala, con dramática contundencia, el fin de una época. Hasta este momento, el único que ha podido acceder al lugar santísimo ha sido el sumo sacerdote, y esto apenas una vez por año. Él ha asumido, con temor y temblor, el riesgo a que rozarse con el Eterno acabe con su vida, tal como sucedió con los infortunados hijos de Aarón, Nadab y Abiú. Ellos perecieron por el atrevimiento de ofrecerle a Dios un fuego extraño que él no les había mandado[11]. Por esta razón, cada vez que el sumo sacerdote entra al Lugar Santísimo, se le ata a la cintura una cuerda por si fuera necesario rescatar su cuerpo de un espacio custodiado por una categórica prohibición: ¡absolutamente nadie puede entrar a este lugar!

El sacrificio del Cordero de Dios deroga un sistema que ha sufrido de notorias limitaciones y señala el inicio de un nuevo tiempo de extraordinaria libertad espiritual. La distancia que debió mantener el pueblo en el desierto, a causa de la dureza de sus propios corazones, ha sido eliminada. Ahora a todos, sin excepción, se nos ha dado participación de un asombroso privilegio: podemos acceder a la misma increíble experiencia de intimidad que le fue concedida a Moisés, pues «cuando alguien se vuelve al Señor, el velo es quitado» (2 Corintios 3:16).

Lo increíble de esta novedad es que abre camino para que experimentemos la misma transformación que vivió aquel varón en el desierto, tal como declara el apóstol: «Pero todos nosotros, con el rostro descubierto, contemplando como en un espejo la gloria del Señor, estamos siendo transformados en la misma imagen de gloria en gloria, como por el Señor, el Espíritu» (2 Corintios 3:18, NBLA). Es decir, por más inverosímil que parezca, nuestros rostros pueden llegar a brillar con la misma gloria que iluminó la cara de Moisés hace cuatro mil años.

Nuestros rostros pueden llegar a brillar con la misma gloria que iluminó la cara de Moisés hace cuatro mil años.

¿Será cierto?

Cuando pensamos en que la experiencia de Moisés puede ser también nuestra, inmediatamente asoma una objeción en nuestro

[11] Levítico 10:1-2.

interior. Somos tan conscientes de nuestra pequeñez y, además, vemos tan pocas personas a nuestro alrededor con estas características que nos asaltan las dudas.

Nuestro Dios, sin embargo, se planta ante nuestra incredulidad y pregunta: «¿Existe algo demasiado difícil para el SEÑOR?» (Génesis 18:14). Del mismo modo confronta Jesús a sus discípulos: «No tienen ninguna posibilidad si ustedes creen que pueden lograrlo por sí mismos —les dice—. Sin embargo, si confían en Dios, tienen todas las posibilidades del mundo» (Mateo 19:26, BEM).

> El primer paso hacia la transformación es declarar que es posible.

La dificultad a resolver no se debe a lo descabellado de la propuesta del Señor, sino a nuestra tendencia a creer que solamente podemos echar mano de lo posible, no de lo imposible. En este camino que recorremos juntos, uno de los primeros pasos será el de confesar al igual que el padre del epiléptico: «Creo; ayúdame en mi incredulidad» (Marcos 9:24, NBLA).

Momento de quietud

El apóstol Pablo inserta, en su carta a los efesios, una preciosa declaración: «Dios puede hacer cualquier cosa, ¡mucho más de lo que podamos imaginar, adivinar o pedir en los sueños más imposibles! No lo hace presionándonos, sino obrando con su Espíritu de manera profunda y tierna dentro de nosotros» (3:20-21, BEM).

El primer paso hacia la transformación es declarar que es posible. Esto no tiene conexión alguna ni con la realidad que nos rodea ni con lo que consideramos factible en la vida. Lo que garantiza cambios profundos y contundentes en nuestras vidas es que el Señor —el mismo que creó los cielos, la tierra y todo lo que en ellos hay— se ha comprometido a realizarlo.

¿Te atreves a tomar cautiva toda duda y a sujetar todo espíritu del escepticismo para declarar que el Señor lo puede todo? Declara, con confianza, que si Jesús ha transformado las vidas de millares de personas, también puede hacerlo en tu vida. ¡Él es fiel, y poderoso, para hacerlo!

Contemplar

Si creemos que es posible la transformación, podemos aceptar, gustosos, la invitación que nos extiende el Señor, por medio del apóstol Pablo, a contemplar su rostro. Hace eco de las palabras del salmista que declara: «En cuanto a mí, en justicia contemplaré Tu rostro; Al despertar, me saciaré cuando contemple Tu semblante» (Salmo 17:15, NBLA).

Esta acción de contemplar describe un momento, sin prisa, ante algo que nos llena de asombro. Se refiere a una forma de conectarse con el Altísimo en la que la mirada de la mente y del corazón se enfoca en su grandeza y su bondad. Tiene como objetivo saborear la belleza de su persona. Tal es la clase de experiencia que describe el rey David cuando nos invita a meditar «en el glorioso esplendor de [su] majestad, y en [sus] obras maravillosas» (Salmo 145:5, NBLA). Las peticiones y la intercesión quedan de lado por ser esta una experiencia de pura adoración, enfocada exclusivamente en la persona de Dios.

Pablo ofrece un detalle interesante que nos ayuda a entender que esta experiencia nunca es perfecta. Nuestra mirada, dice el texto, es como en un espejo. Estos, en la época de los romanos, consistían de un metal altamente lustrado, espejos claramente inferiores a los pulidos cristales que conocemos hoy. No lograban reflejar con nitidez a las personas que los usaban. Por esto, algunos de los detalles de las imágenes se veían borrosos.

La diferencia entre las dos superficies nos sirve como recordatorio. Nunca podremos ver, en todo su esplendor, el rostro de nuestro Dios. De hecho, tal como él le señala a Moisés, «no podrás ver directamente mi rostro, porque nadie puede verme y seguir con vida» (Éxodo 33:20). Nuestros mejores esfuerzos por acercarnos a él siempre sufrirán las limitaciones que impone nuestra frágil condición humana.

Es por esto que Pablo nos recuerda que «aún no vemos las cosas con claridad. Por ahora, con los ojos entrecerrados, miramos confundidos a través de la bruma. ¡Aunque no pasará mucho tiempo antes de que el tiempo se aclare y brille el sol! Entonces lo veremos todo, tan claro como Dios nos ve, y lo conoceremos directamente como él nos conoce a nosotros» (1 Corintios 13:12, BEM). Mientras tanto, deberemos conformarnos con una visión incompleta de su radiante gloria.

Nuestros mejores esfuerzos por acercarnos a él siempre sufrirán las limitaciones que impone nuestra frágil condición humana.

Momento de quietud

Nuestra orientación hacia lo utilitario nos ha llevado a reducir la oración a un proceso para informar al Señor sobre nuestras necesidades. Definitivamente es uno de los privilegios que nos ofrece la oración: el de llegar ante él para pedir. Él, como Padre amoroso, está siempre atento a nuestras vidas, aunque resulta liberador recordar que él ya sabe bien lo que necesitamos[1]. La oración, sin embargo, es mucho más que traerle una lista de pedidos.

El texto de Corintios nos invita a explorar la experiencia de «contemplar su rostro». Para esto serán necesarios momentos similares al camino que recorremos frente a una magnífica puesta de sol. Siempre que tenemos el privilegio de verla, nos detenemos, aunque sea por unos instantes, para disfrutar el esplendor que despliega el cielo ante nuestros ojos. De la misma manera, la contemplación nos invita a disfrutar de la indescriptible belleza del Señor. Con un espíritu aquietado, nos deleitamos en su persona e intentamos expresar nuestro asombro por sus maravillosos atributos.

Sugiero que decidas, para empezar, apartar un día por semana en el que usarás tu tiempo de conexión con el Señor para solamente contemplar su belleza. Una manera práctica de hacer esto es leyendo, lentamente, algunos de los salmos de adoración o algún otro texto bíblico[2] que describa en detalle sus bondades. A medida que leas el pasaje, toma tiempo para meditar en el beneficio que traen a tu vida estas cualidades de Dios. Durante la experiencia, ponle palabras a tu apreciación por la excelencia de su persona, de manera que él escuche tus expresiones de adoración.

---

[1] Mateo 6:32.

[2] Salmos 23; 34; 63:1-4; 95:1-7; 100; 103; 111; 139:1-18; 145; Isaías 40:21-31; Colosenses 1:13-23; Efesios 1:3-13.

Receptores

En el texto de Corintios, volvemos a notar que la transformación es el inesperado resultado de una acción humana cuyo propósito principal es pasar tiempo con el Señor. El tiempo del verbo que emplea el apóstol *—estamos siendo transformados—* claramente indica que no somos los gestores, sino los receptores, de estos cambios. Al igual que en el caso de Moisés, no producimos la experiencia, sino que somos los beneficiarios de un proceso sobre el cual tenemos escaso control. La parte que nos corresponde es aprovechar, al máximo, esta maravillosa libertad que se nos ha concedido: la libertad de entrar y salir del Lugar Santísimo tantas veces como queramos. La ausencia del velo nos recuerda que la comunión con el Señor puede darse en cualquier momento y en cualquier lugar.

La transformación es el inesperado resultado de una acción humana cuyo propósito principal es pasar tiempo con el Señor.

Esta experiencia de transformación, señala Pablo, nos permite soñar con un impensado desenlace: llegar a ser parecidos a Aquel que es el objeto de nuestra devoción. Por medio de la obra del Espíritu, somos transformados a su misma imagen. Es decir, empezamos a parecernos a la persona que más amamos, un principio que acompaña toda relación significativa en la vida. Es por esto que Pablo declara, maravillado: «Aquella primera gloria no era para nada gloriosa comparada con la gloria sobreabundante del nuevo camino. Así que, si el antiguo camino, que ha sido reemplazado, era glorioso, ¡cuánto más glorioso es el nuevo, que permanece para siempre!» (2 Corintios 3:10-11).

La ausencia del velo nos recuerda que la comunión con el Señor puede darse en cualquier momento y en cualquier lugar.

La Biblia *El Mensaje* describe, con admirable originalidad, las milagrosas dimensiones de esta experiencia: «Nada se interpone entre Dios y nosotros; nuestros rostros brillan con el resplandor de su rostro. Y así somos transfigurados como el Mesías, y nuestras vidas poco a poco se vuelven más brillantes y hermosas, a medida que Dios entra en nuestro ser y nos hacemos como él» (2 Corintios 3:16-18).

Inversión sabia

El desafío de aceptar al misterio de la transformación podría llevarnos a creer que lo único que nos queda es entregarnos a una vida de resignada espera. *Si no controlamos el proceso* —pensamos—, *no hay nada que podamos hacer para acercarnos a la vida que se nos ha prometido.* De hecho, percibo en el pueblo de Dios que muchas personas han optado por abandonar el esfuerzo por vivir una conexión diferente con el Señor. Frustradas, se han aferrado a la idea de que esta experiencia de maravillosa conexión no es para ellas.

La solución radica no en dejar de esforzarnos, sino en canalizar correctamente nuestros impulsos. Definitivamente no podemos nosotros producir cambios en nuestras vidas a pura fuerza de voluntad. No obstante, podemos redireccionar la disciplina para que nuestra inversión acompañe, con inteligencia, lo que el Señor hace en nosotros. Al igual que el agricultor que acompaña el crecimiento de la semilla con riego, fertilizantes y cuidado de la tierra, nosotros podemos buscar la forma de asistir este proceso.

La historia de los cuatro amigos[12] ilustra muy bien este importante principio. Ellos, movidos por un espíritu de compasión, quieren encontrar la forma de ayudar a un amigo que sufre de una severa parálisis. La llegada de Jesús al pueblo crea la oportunidad soñada. Cargan, entre todos, la camilla del enfermo y salen hacia la casa en la que se encuentra el Señor. Por el camino, sin

> La solución radica no en dejar de esforzarnos, sino en canalizar correctamente nuestros impulsos.

[12] Marcos 2:1-11.

embargo, descubren que es imposible llegar hasta dónde está Jesús. Una enorme muchedumbre rodea la casa y bloquea la puerta de entrada. Optan, entonces, por una decisión radical: se suben al techo y abren en él un agujero para bajar a su amigo hasta la presencia del Señor. El Señor responde a la fe de ellos y sana, efectivamente, al hombre.

> Podemos redireccionar la disciplina para que nuestra inversión acompañe, con inteligencia, lo que el Señor hace en nosotros.

Los cuatro saben bien que no pueden sanar a su amigo; conocen, sin embargo, a Uno que sí lo puede hacer. Su tarea, entonces, es conectar al paralítico con Aquel que posee el poder que requiere. Invierten todo su esfuerzo en remover los obstáculos ante ellos para lograr que, finalmente, se dé esta conexión sagrada. Por el camino deben resolver varias dificultades para lograr su cometido.

Del mismo modo, aunque no podemos producir nosotros mismos la transformación en nuestras vidas, sí podemos conectarnos con Aquel que lo puede hacer. La clave para experimentar transformación, entonces, no radica en buscarla nosotros, sino en buscar el rostro del Dios que nos la puede conceder. Nuestros mejores esfuerzos deben orientarse hacia remover los obstáculos que dificultan esa conexión para que, finalmente, podamos entrar a su presencia y disfrutar de esos momentos de dulce comunión que incluyen, entre otras cosas, la posibilidad de contemplar su rostro.

Momento de quietud

Si hace tiempo que no lees la historia de los cuatro amigos[3], toma un momento para buscarla y, a través del relato, volver a vivirla.

1. ¿Cuántos obstáculos puedes identificar en el texto?

2. ¿Cómo imaginas que fue, para los cuatro amigos, el proceso de remover estos obstáculos?

3. ¿Qué obstáculos puedes identificar, en tu propia vida, para lograr esa conexión sagrada con el Señor?

4. ¿Qué cosas son necesarias para que puedas remover algunos de estos obstáculos?

[3] Marcos 2:1-11.

5. Toma un momento para conversar con el Señor sobre lo que has meditado.

Muchos de los más persistentes obstáculos deben ser afrontados en el ámbito de nuestro ser interior, ese espacio donde se libran las más importantes batallas de la vida. Deberemos hacer frente a actitudes tales como la indiferencia, el egoísmo, la pereza, la ansiedad, el apuro y las restricciones que imponen las rutinas. Además, deberemos combatir, de continuo, la tentación a vivir la relación con el Señor en piloto automático. En esa modalidad, seguimos con las actividades que asociamos con la vida cristiana, pero nuestro corazón ya no participa. Corremos el riesgo de que el Señor nos diga, como le dice a la iglesia de Éfeso: «Conozco tu perseverancia, tu valor en mi causa, sé que nunca desfalleces. Sin embargo, te alejaste de tu primer amor, ¿por qué? ¿Qué te pasa?» (Apocalipsis 2:2-5, BEM).

El verdadero protagonista

Ya he mencionado que el gestor principal de nuestra transformación, según este texto de 2 Corintios, es el Espíritu de Dios. Esta observación es importante para entender que la transformación no es tanto el resultado de lo que nosotros hacemos, sino de lo que él hace. Sus caminos, misteriosos y ocultos, solamente pueden ser percibidos por el efecto que han producido. No entendemos ni de qué manera ocurren ni en qué momento específico se producen, pero otros comienzan a dar testimonio de que ven la belleza del Señor en nosotros.

> La clave para experimentar transformación no radica en buscarla nosotros, sino en buscar el rostro del Dios que nos la puede conceder.

Este proceso; según indica Pablo, es «de gloria en gloria». Es decir, no se produce en un solo instante, sino que es la suma de muchos momentos de intimidad con Dios. Siempre que se interrumpa esa conexión, la gloria en nuestras vidas comenzará a apagarse, pues no es nuestra, sino del Señor con quien caminamos. Si dejamos de caminar con él, su belleza en nosotros se irá desvaneciendo, y volverá a verse, en todas sus alarmantes expresiones, nuestra humanidad caída.

Creo que esta es una de las razones por las que nos encontramos, en el relato del peregrinaje de Moisés por el desierto, escenas de marcado contraste en su actitud hacia el Señor. Cuando el pueblo toma la aberrante decisión de fabricarse un becerro de oro, Moisés responde con una actitud de sublime compasión. Intercede por ellos ante el Señor, diciendo: «Qué terrible pecado cometió este pueblo; se hicieron dioses de oro. Ahora, si solo perdonaras su pecado; pero si no, ¡borra mi nombre del registro que has escrito!» (Éxodo 32:31-32). Escoge identificarse con Israel a pesar de no haber participado de su idolatría.

Así también sucede cuando a Moisés le toca sufrir la peor de las pruebas por las que atraviesa un líder, ese momento en que sus parientes más cercanos lo traicionan. Sus hermanos, Aarón y Miriam, cuestionan la validez de su ministerio y reclaman mayor participación en la dirección del pueblo. En esta ocasión, el varón responde con absoluta mansedumbre, pues Moisés es «un hombre muy humilde, más que cualquier otro hombre sobre la superficie de la tierra» (Números 12:3, NBLA).

> Si dejamos de caminar con él, su belleza en nosotros se irá desvaneciendo, y volverá a verse, en todas sus alarmantes expresiones, nuestra humanidad caída.

Cuando el pueblo comienza a quejarse porque quiere comer carne, sin embargo, Moisés ventila todo su fastidio con el Señor:

> ¿Por qué me tratas a mí, tu servidor, con tanta dureza? ¡Ten misericordia de mí! ¿Qué hice para merecer la carga de todo este pueblo? ¿Acaso yo los engendré? [...] ¿De dónde se supone que voy a conseguir carne para toda esta gente? [...] Si esta es la manera como piensas tratarme, sería mejor que me mataras. ¡Hazme ese favor y ahórrame esta miseria!
>
> NÚMEROS 11:10-15

Así sucede también en nuestras vidas, de manera que nos encontramos tironeados entre estos extremos. Cuando nuestra conexión con el Señor se encuentra activa, comienzan a asomarse en nosotros las mismas características que a él lo distinguen. Cuando desatendemos esta conexión, sin embargo, vuelven a manifestarse en nosotros la falta de paciencia, la queja, la ingratitud, el fastidio, la crítica y el reproche.

Aunque desconocemos los detalles de la vida de Moisés en este momento, he observado que el desgaste del ministerio erosiona notablemente nuestra pasión. Sin darnos cuenta, seguimos la tarea que hemos realizado toda la vida, pero hemos perdido, por el camino, la pasión de una relación que nos enamora.

Quizás esta sea la razón por la que observamos una interesante dinámica en la vida de Jesús. Lucas señala que él, con frecuencia, escoge lugares solitarios para procurar esos momentos ininterrumpidos de conexión con el Padre[13]. Revela una dinámica en la que es necesario desconectarse de la gente para conectarse con el Padre. Después de estos momentos de renovación, retoma esa conexión con la multitud y sus incesantes demandas.

> Cuando nuestra conexión con el Señor se encuentra activa, comienzan a asomarse en nosotros las mismas características que a él lo distinguen.

Necesitamos de esa conexión continua con el Señor. Es solamente cuando volvemos a la fuente que creamos los espacios necesarios para que la belleza del Señor se vuelva a percibir con nitidez.

---

[13] Lucas 5:16.

Momento de quietud

Quisiera invitarte, al finalizar estos primeros capítulos, a que le sumes algo de reflexión a los temas de este espacio. Puedes usar, si te resulta útil, algunas de estas preguntas:

1. ¿De qué manera te ha hablado Dios acerca de tu corazón en estos capítulos?

2. ¿Qué ajustes espera Dios que le hagas a tu vida como resultado de lo que has leído?

3. ¿Cuáles son los «enemigos» a derrotar en este nuevo camino que intentas recorrer?

4. ¿Cuál es la parte que te toca a ti en estos ajustes, y cuál es la parte que le toca a Dios?

5. ¿Cómo te imaginas que podría ser tu vida si lograras avanzar en algunos de estos cambios?

6. Convierte esto que imaginas en una oración y compártela con nuestro Padre amoroso.

Esforzados y valientes

Las dos escenas que hemos examinado[14] son las que mejor describen este misterio de lo que llamo *vida por contagio*. El proceso, en manos de un Dios cuyos caminos no son nuestros caminos y cuyos pensamientos no son los nuestros[15], se resiste a ser encasillado en un método con cinco sencillos pasos. Las dinámicas de una relación de amor existen en un estado de permanente fluctuación. Se prestan más a la experiencia que al análisis. Lo misterioso del proceso, sin embargo, no opaca por un solo instante los asombrosos resultados de esta conexión: vidas que claramente proclaman que hemos estado en la presencia del Altísimo.

Para poder nosotros disfrutar de esta experiencia, necesitamos armarnos de una inusual osadía. Y, de hecho, Pablo nos anima en esta dirección: «Ya que este nuevo camino nos da tal confianza, podemos ser muy valientes» (2 Corintios 3:12). La valentía se refiere a aquella actitud intrépida y atrevida que nos permite entrar a un espacio al que, en realidad, no tenemos ningún derecho.

La valentía se refiere a aquella actitud intrépida y atrevida que nos permite entrar a un espacio al que, en realidad, no tenemos ningún derecho.

El sacrificio del Cordero de Dios en la cruz abre el camino para que, con gran confianza, nos atrevamos a acercarnos al Señor. Asombrados, entramos a su presencia, seguros de la bienvenida que recibiremos. Con osadía, le damos la espalda a nuestros temores y nuestras dudas para aferrarnos a la convicción del autor de Hebreos:

> Amados hermanos, podemos entrar con valentía en el Lugar Santísimo del cielo por causa de la sangre de Jesús. Por su muerte, Jesús abrió un nuevo camino —un camino que da vida— a través de la cortina al Lugar Santísimo.

---

[14] Éxodo 34 y 2 Corintios 3.

[15] Isaías 55:8.

> Ya que tenemos un gran Sumo Sacerdote que gobierna la casa de Dios, entremos directamente a la presencia de Dios con corazón sincero y *con plena confianza en él.*
>
> HEBREOS 10:19-22, *énfasis añadido*

Es en su presencia que podremos entregarnos, de todo corazón, a ese maravilloso intercambio que es el distintivo de las amistades más profundas, aquellas en las que conocemos y somos conocidos. A lo largo del camino, nuestras vidas serán transformadas y otros sabrán, sin duda alguna, que nosotros nos codeamos con el Dios que hizo los cielos y la tierra.

A lo largo del camino, nuestras vidas serán transformadas y otros sabrán, sin duda alguna, que nosotros nos codeamos con el Dios que hizo los cielos y la tierra.

ESCENAS DE CONTAGIO

Durante los años que fui docente en el Instituto Bíblico Buenos Aires, acompañé, entre muchos otros, a un alumno que había llegado desde un pueblo del interior del país. Era un muchacho sencillo y humilde. Me impresionó su amor por el Señor, pero, con tristeza, empecé a notar que la experiencia de estudiar borraba esas características en él. Con el tiempo, se convirtió en una persona propensa a las discusiones con sus compañeros, y no dudaba en hacer afirmaciones categóricas acerca de la fe.

Cuando terminó sus estudios, no regresó a su congregación porque, me dijo, sentía que estaba «para cosas más grandes». No pude evitar, en ese momento, la sensación de que este varón se consideraba mucho más importante de lo que realmente era.

Muchos años más tarde, me crucé otra vez con este alumno. Participamos juntos de un evento que duró varios días. Tuve la oportunidad de compartir varias conversaciones con él. Me sorprendió el espíritu sereno que veía en él y la ternura con la que hablaba de los desafíos que enfrentaban diferentes miembros de su congregación. El contraste con la persona que había conocido era tan marcado que no pude contenerme.

—¡Te veo muy cambiado! —exclamé.

—Chris —me respondió—, me volví a enamorar del Señor. Creo que lo había perdido por el camino, pero hoy ¡él es mi todo!

Recuperar esa conexión vital con Jesús había vuelto a activar, en este varón, la transformación que el exceso de conocimiento no había podido producir.

CAPÍTULO 4

UNA OSADA PROPUESTA

Del árido desierto de Sinaí queremos, ahora, trasladarnos a la región de Galilea para encontrarnos con la persona de Jesús. Llegamos con la intención de enfocarnos en el proceso que vivieron con él los discípulos. Esta propuesta, sin embargo, nos presenta con un particular desafío. Los Evangelios no son manuales de instrucción como los que acostumbramos leer cuando deseamos estudiar algún tema que nos interesa. Ni siquiera son un registro exhaustivo de todo lo que el Señor hizo en sus tres años de ministerio público. De hecho, Juan comenta que «Jesús hizo muchas otras cosas. Si estuvieran todas escritas, cada una de ellas, una por una, no podría imaginar un mundo lo suficientemente grande como para albergar semejante biblioteca de libros» (Juan 21:25, BEM).

Acercarnos al relato de los Evangelios, entonces, es algo que debemos hacer con humildad y cautela. No deseamos, de ninguna manera, ni ignorar este designio sagrado ni manipular el texto para que nos entregue lo que no ha sido diseñado para impartir. De ninguna manera queremos, tampoco, que el relato simplemente confirme las conclusiones a las que ya hemos arribado antes de abrir la Palabra.

Estas precauciones no deben impedir, sin embargo, que nos animemos a observar, pues el propósito de los Evangelios es bien específico: un acercamiento a la persona de Jesús que produzca una dramática transformación. Juan señala que él escribió «para que crean que Jesús es el Mesías, el Hijo de Dios y, por el acto de creer, tengan vida real y eterna en la forma en que él personalmente la reveló» (Juan 20:30-31, BEM). Por esta razón intentaremos, con discreción, entremezclarnos con las multitudes que siguen de continuo al Cristo. Nos sumaremos al grupo de discípulos para ver al Maestro con sus ojos. Nos dispondremos, incluso, a escuchar a los líderes religiosos y los reclamos que le hacen. En todo, armados de una santa curiosidad, intentaremos discernir las intenciones del corazón y las dinámicas que esconden las diferentes escenas en la vida de Jesús.

Admirable sencillez

Marcos comparte, con el estilo escueto que lo caracteriza, el momento en que Jesús llamó a los suyos: «Designó a doce, para que estuvieran con Él y para enviarlos a predicar, y para que tuvieran autoridad de expulsar demonios» (Marcos 3:14-15, NBLA). Lo breve de su descripción se presta para que, luego de una fugaz mirada, avancemos hacia otros pasajes más interesantes. No obstante, ¡aquí será nuestra primera parada!

> El propósito de los Evangelios es bien específico: un acercamiento a la persona de Jesús que produzca una dramática transformación.

El texto contiene apenas veintiuna palabras, pero revela una intención que no deja de asombrar por la profundidad de la propuesta. Se diferencia dramáticamente de nuestros elaborados cursos de discipulado en que contiene apenas tres ingredientes esenciales para que una persona se convierta en un discípulo enteramente capacitado para transitar por el mismo camino que su Maestro. Quisiera, sin embargo, que nos detengamos en el primero, el cimiento sobre el que se levantan los otros dos: *designó a doce, para que estuvieran con Él.* Así de simple es la propuesta, pero abarca la totalidad de las experiencias que describen los Evangelios. La estrategia, alineada a la perfección con el concepto de vida por contagio, invita a una relación que dejará profundas huellas en este puñado de hombres.

Caminar juntos

Jesús echa mano de la analogía de un yugo para ayudarnos a entender la dinámica que se dará en el marco de esta relación: «Tomen Mi yugo sobre ustedes y aprendan de Mí, que Yo soy manso y humilde de corazón» (Mateo 11:29, NBLA). De seguro la mayoría de sus seguidores estarán familiarizados con el yugo, este aparejo que se emplea para que dos bueyes tiren juntos de un mismo carro o un arado. Funciona con admirable eficacia a la hora de adiestrar a un buey joven, arisco e inexperto. Por medio del yugo, el labrador une a ese buey a un animal maduro que ya conoce los ritmos y las formas del trabajo en el campo. Restringido por este incómodo armazón, el animal más joven no tiene otra opción que aprender a trabajar sincronizado con el buey adulto que es, además, tan pesado que resulta imposible tironearlo en otra dirección.

La dinámica que se produce entre ellos es la que mejor ilustra la vida por contagio. No existen entre los dos animales ni procesos por los que intercambian información ni «clases teóricas» acerca de cómo tirar de un arado. El buey joven tampoco «toma nota» de lo que va aprendiendo, ni rinde examen para demostrar que ha entendido las lecciones. Mientras caminan juntos, simplemente aprende como resultado de estar al lado de uno que sabe.

La propuesta de Jesús se mueve en esta misma dirección. Su invitación es a que los discípulos compartan la vida con él. No los invita a cursar, durante algunas horas semanales, una materia. Más bien, él mismo será la materia, y su aula serán las calles y los caminos por los que transita, las casas que visita y las sinagogas en las que se hace presente. En estos espacios, ellos podrán escucharlo, mirarlo, tocarlo y dialogar con él acerca de las experiencias particulares que viven. Lo observarán caminando, alejándose a lugares solitarios para orar y ministrando a los enfermos. Lo verán relajado, en una fiesta con publicanos y pecadores[16], o resolviendo un contratiempo en una fiesta de bodas[17]. Lo sorprenderán hablando con una mujer en un pozo de agua, en Samaria[18], y extendiendo la mano para tocar a un leproso[19].

Estarán presentes en las interminables interrupciones de cada día y lo verán cuando el ritmo del ministerio sea tan intenso que ni tendrán tiempo para comer. Lo escucharán enseñando en la sinagoga, contando historias a la gente o discutiendo con los fariseos y maestros de la ley. Hablarán con él mientras caminan de una ciudad a otra. Buscarán su orientación frente a las dudas que experimentan y pedirán que les dé mayores explicaciones acerca de alguna enseñanza que no entendieron. Compartirán con él la mesa cuando se sienten a comer y dormirán en los mismos lugares donde él se acueste para descansar. Navegarán juntos en las mismas embarcaciones y lo asistirán mientras ministra a diferentes personas. Ocasionalmente, descubrirán que ha desaparecido porque se ha retirado a lugares solitarios. Lo verán calmar tormentas, caminar sobre el agua y convertir agua en vino.

Cuando Jesús traslada la analogía del yugo a su relación con los Doce, pone el énfasis sobre lo que él *es*, no sobre lo que él *hace*. El anhelo que tiene para ellos es que, por el camino, no solamente aprendan acerca de métodos y procedimientos, sino que se contagien del corazón que él tiene.

---

16 Mateo 9:10-17.
17 Juan 2:1-12.
18 Juan 4:1-38.
19 Mateo 8:1-4.

Influencia en movimiento

Esto es importante porque los ministerios más efectivos fluyen de un corazón en el cual el Señor ha trabajado. Es la razón por la que le advierte al profeta Samuel, quien ha quedado impresionado por el aspecto imponente del hermano de David: «No juzgues por su apariencia o por su estatura, porque yo lo he rechazado. El SEÑOR no ve las cosas de la manera en que tú las ves. La gente juzga por las apariencias, pero el SEÑOR mira el corazón» (1 Samuel 16:7). Y por esta misma razón es que celebra cuando encuentra a una persona «conforme a su propio corazón» (1 Samuel 13:14). Aquellos que mejor se alinean con el corazón del Señor son los que logran el mayor impacto a la hora de hacer avanzar el reino del cielo.

> Cuando Jesús traslada la analogía del yugo a su relación con los Doce, pone el énfasis sobre lo que él *es*, no sobre lo que él *hace*.

De esta manera, Jesús indica que la herramienta más poderosa que tiene a su disposición para formar a los discípulos es su propia vida. Él demostrará, mientras caminan juntos, cada una de las verdades que desea transmitir a los discípulos, de manera que su vida proveerá el indispensable respaldo que acompaña las verdades que enuncia. Todo el día estará transmitiendo enseñanzas a sus discípulos y, ocasionalmente, acompañará este proceso con palabras. De esta manera, entonces, podemos afirmar, sin temor a equivocarnos, que los dichos registrados en los Evangelios no constituyen, de ninguna manera, la totalidad de sus enseñanzas. Ni siquiera conforman la parte más importante de su influencia sobre los Doce, quienes están, literalmente, «en clases» todo el día. Gran parte del impacto de su vida sobre ellos se produce sin que ellos sean conscientes de que están siendo influenciados.

> Jesús indica que la herramienta más poderosa que tiene a su disposición para formar a los discípulos es su propia vida.

Esta coherencia entre la vida y las palabras del Cristo es una de las razones por las que «las multitudes se admiraban de

Su enseñanza; porque les enseñaba como uno que tiene autoridad, y no como sus escribas» (Mateo 7:28-29, NBLA). La falta de autoridad en los líderes religiosos de la época surge porque, tal como señala el mismo Señor, «ellos no hacen lo que enseñan. Aplastan a la gente bajo el peso de exigencias religiosas insoportables y jamás mueven un dedo para aligerar la carga» (Mateo 23:3-4). Es la misma razón por la que muchos de nuestros esfuerzos por formar a otros también carecen de efectividad. Cuando nuestras vidas contradicen el mensaje que compartimos con ellos, se neutraliza por completo nuestra influencia porque nuestro mayor impacto procede de lo que somos, no de lo que decimos.

Nuestro mayor impacto procede de lo que somos, no de lo que decimos.

Momento de quietud

Jesús resalta el objetivo al que apunta esta experiencia compartida cuando les dice a los suyos: «Le basta al discípulo llegar a ser como su maestro» (Mateo 10:25, NBLA). Si bien el contexto de esta declaración se refiere a la disposición a sufrir oprobio —tal como el que sufrió el Cristo—, el principio es aplicable a la totalidad de la experiencia del discípulo. El anhelo del Señor para cada uno de los suyos es que llegue a ser una *réplica viviente* del Hijo de Dios.

Nos ofrece un marcado contraste con los conceptos que acompañan los procesos de formación en nuestra época, donde el objetivo para un estudiante no va más allá de *saber* lo que sabe su maestro. Y, de hecho, las evaluaciones que solemos conducir se orientan a que el alumno sepa repetir, con fidelidad, los conceptos que le ha compartido su maestro. La relación a la que el Señor invita a los discípulos, sin embargo, apunta a que ellos, con el tiempo, lleguen a ser parecidos a él. Es decir, que tengan su mismo corazón, que vivan en la misma sujeción al Padre y que los caracterice la misma escandalosa compasión que él extiende a los demás.

Lee y reflexiona sobre este texto:

> Así como el agua refleja tu rostro,
> también tu rostro refleja tu corazón.
>
> PROVERBIOS 27:19, BEM

1. ¿Qué piensas que otros ven reflejado de tu corazón?

2. ¿Qué les dice esto acerca de tu relación con el Señor y con los demás?

3. ¿Qué pasos puedes dar para que tu corazón sea el foco de tus esfuerzos por echar mano de la transformación?

Más que palabras

Muchas décadas después de su experiencia como parte del grupo que acompaña a Jesús, el apóstol Juan escribe su primera epístola. Su intención no es elaborar teorías acerca de la vida cristiana ni compartir complejos enunciados acerca de la existencia de Dios. Más bien, desea hablar, con un lenguaje sencillo y atractivo, de lo que experimentó durante los años que vivió a la par del Hijo de Dios. En su testimonio encontramos una de las más elocuentes descripciones del impacto de Jesús sobre su vida: «Desde el primer día —declara—, estuvimos allí, asimilándolo todo: lo escuchamos con nuestros propios oídos, lo vimos con nuestros propios ojos, lo tocamos con nuestras propias manos. La palabra de vida apareció ante nuestra vista; ¡damos testimonio!» (1 Juan 1:1-2, BEM).

> El anhelo del Señor para cada uno de los suyos es que llegue a ser una *réplica viviente* del Hijo de Dios.

Según este testimonio, el mensaje que recibe Juan le llega por cuatro caminos distintos: lo oye, lo ve, lo contempla y lo toca con sus manos. Revela, así, que no sufre la limitación de relacionarse con una versión editada de Jesús, acomodada para las redes sociales o para los momentos que duran los encuentros públicos. Al contrario, la plenitud de su humanidad participa en el proceso de formación al estar expuesto a la plenitud de la humanidad de Cristo. Entendemos aquí, entonces, el profundo valor de que el Verbo se vista de carne y habite en medio nuestro[20].

Tendremos oportunidad, más adelante, de examinar estos cuatro elementos con detenimiento. Aquí nos basta el testimonio de Juan para darnos cuenta de la enorme limitación que sufre nuestro esfuerzo por acompañar a otros cuando buscamos influenciar vidas solamente mediante las redes sociales y la exposición verbal de la verdad. Realmente escasean las posibilidades de que otros oigan,

[20] Juan 1:14, NBLA.

vean, toquen y contemplen la verdad de Dios en nuestras vidas cuando nuestro contacto con ellos se limita a una o dos horas semanales. Si no proveemos para ellos una experiencia más completa, los obligamos a tratar de descifrar, solos, qué aspecto tiene la práctica de esta verdad en el ejercicio de la vida cotidiana. El hecho es que nadie posee la destreza espiritual para descubrir esto aislado de modelos vivos y reales que le sirvan como punto de referencia.

Cuando Juan describe esta experiencia, escoge usar la misma palabra, *contemplar*, que hemos identificado en el texto de Pablo en 2 Corintios 3, NBLA. Nos dice que sintió la necesidad de ver no solamente con los ojos físicos, sino también con los del corazón. Es el camino que recorremos cuando miramos algo que es más grande y profundo de lo que podemos entender. Acompañamos nuestra mirada con un proceso de aquietada reflexión interior porque percibimos que solamente con el tiempo podremos apreciar, en su totalidad, la inmensidad de lo que observamos.

> Escasean las posibilidades de que otros oigan, vean, toquen y contemplen la verdad de Dios en nuestras vidas cuando nuestro contacto con ellos se limita a una o dos horas semanales.

Juan señala, entre otras cosas, que parte de su proceso de formación se cultivó con el ejercicio de contemplar al Señor. Entiendo, por esto, que no se refiere a que se quedó mirando fijamente a Jesús. Más bien, creo que con frecuencia ve en el Hijo de Dios realidades profundamente misteriosas. Estas estimulan un proceso de búsqueda: un intento de descubrir, con la ayuda del Espíritu, aquellos elementos que no se ven a simple vista, pues están escondidos en su persona.

Persistente curiosidad

Un incidente hacia el final de los Evangelios nos provee una buena ilustración de este proceso de insistente reflexión. Los discípulos, escondidos en el aposento alto, aún no han logrado digerir la monstruosa injusticia que significa la crucifixión de Jesús. En medio del desconcierto, se les presenta María Magdalena, acompañada por otras mujeres, con una insólita novedad: «¡Sacaron de la tumba el cuerpo del Señor, y no sabemos dónde lo pusieron!» (Juan 20:2). Lucas señala que es tal la desorientación de los apóstoles que «a ellos estas palabras les parecieron como disparates, y no las creyeron» (Lucas 24:11, NBLA). A pesar de esta incredulidad, sin embargo, la noticia inquieta suficiente a los apóstoles como para que decidan investigar:

> Pedro y el otro discípulo se dirigieron a la tumba. Ambos iban corriendo, pero el otro discípulo corrió más aprisa que Pedro y llegó primero a la tumba. Se agachó a mirar adentro y vio los lienzos de lino apoyados ahí, pero no entró. Luego llegó Simón Pedro y entró en la tumba. Él también notó los lienzos de lino allí, pero el lienzo que había cubierto la cabeza de Jesús estaba doblado y colocado aparte de las otras tiras. Entonces el discípulo que había llegado primero a la tumba también entró y vio y creyó, porque hasta ese momento aún no habían entendido las Escrituras que decían que Jesús tenía que resucitar de los muertos.
>
> JUAN 20:3-9

El relato describe un proceso de descubrimiento que avanza por etapas.

En un primer momento, Juan mira fugazmente la tumba vacía.

Cuando Pedro llega, se aventura a ir más allá de la mirada discreta de Juan. Entra y observa, con detenimiento, los detalles de la escena. Tal como han relatado las mujeres, el cuerpo de Cristo ya no está allí. No obstante, descubre algunos detalles que le resultan llamativos. El sudario se encuentra ubicado en una zona del sepulcro y los lienzos que cubrieron la cabeza de Jesús están doblados y puestos en otro lugar.

Juan es el que, finalmente, recorre el camino que debemos explorar de la mano del Señor. Envalentonado —quizás por el ejemplo de Pedro—, decide también entrar al sepulcro. Observa los mismos detalles que su compañero y, luego, se produce el milagro: cree. Es decir, logra conectar lo que ven sus ojos con el significado espiritual del suceso que contempla. Este es el desenlace anhelado de un proceso de observación espiritual, porque es el que abre el corazón a una genuina conexión con el Señor.

Momento de quietud

La experiencia de los discípulos al explorar el sepulcro claramente indica que necesitamos de algo más que astucia mental para entender las verdades del reino. Lee el texto de Proverbios 2:1-5:

> Hijo mío, presta atención a lo que digo
> y atesora mis mandatos.
> Afina tus oídos a la sabiduría
> y concéntrate en el entendimiento.
> Clama por inteligencia
> y pide entendimiento.
> Búscalos como si fueran plata,
> como si fueran tesoros escondidos.
> Entonces comprenderás lo que significa temer al SEÑOR
> y obtendrás conocimiento de Dios.

Ahora, medita en estas preguntas:

1. ¿Qué actitud describe el autor en la persona que busca aumentar su conocimiento de Dios? Observa los verbos que describen las acciones de esta persona.

2. ¿Por qué piensas que se compara al conocimiento con un tesoro escondido?

3. ¿Qué cosas deben cambiar en tu vida para que puedas recorrer más a menudo un camino como el de Juan en el sepulcro?

4. Lucas nos dice que María, la madre de Jesús, guarda «todas estas cosas en el corazón y [piensa] en ellas con frecuencia» (Lucas 2:19). ¿Cómo podemos imitar su actitud frente a aquello que no entendemos?

Imitadores

El apóstol Pablo también entiende la consigna de trabajar la formación desde todos los planos del ser. Anima a los suyos a que «no dejen de poner en práctica todo lo que aprendieron y recibieron de mí, todo lo que oyeron de mis labios y vieron que hice. Entonces el Dios de paz estará con ustedes» (Filipenses 4:9). Observamos, una vez más, que un ministerio efectivo explora muchos caminos diferentes para impactar las vidas de los demás. *Mostrar* cómo es la vida en el reino será tan importante como *describirla* con palabras, porque la verdad llega no solamente por los oídos, sino también por los ojos y el corazón.

Necesitamos de algo más que astucia mental para entender las verdades del reino.

El Nuevo Testamento escoge la palabra *imitación* para describir este proceso de transferir vida de una persona a otra. Pablo invita a la iglesia de Corinto a ser imitadores de él de la misma manera que él imita al Señor (1 Corintios 11:1). Instruye a los hermanos de Filipos a que «observen a los que andan según el ejemplo que tienen en nosotros» (Filipenses 3:17, NBLA). Reconoce que parte del crecimiento de la iglesia en Tesalónica es porque llegaron a ser imitadores tanto del apóstol y del Señor como de otras congregaciones que viven comprometidas con Dios[21]. Por su parte, el autor de Hebreos exhorta a sus lectores a que «no sean perezosos, sino imitadores de los que mediante la fe y la paciencia heredan las promesas» (Hebreos 6:12, NBLA).

Cuando meditamos en esto, recordamos que este es el primer camino de aprendizaje que recorren los niños. Muchas de las cosas que aprenden son el resultado de simplemente compartir la vida con la familia. Sin siquiera saber que han sido influenciados, incorporan los modismos, las perspectivas y las convicciones de los que los rodean. Terminan siendo el reflejo del entorno en el que son

[21] 1 Tesalonicenses 2:14, NBLA.

criados, y esto mucho antes de que se hayan incorporado al proceso formal de aprendizaje que propone la escuela.

Mostrar cómo es la vida en el reino será tan importante como *describirla* con palabras.

Somos reticentes a invitar a otros a imitarnos porque conocemos demasiado bien nuestras enormes limitaciones y nuestros constantes desaciertos. No obstante, los autores de las cartas del Nuevo Testamento no extienden esta invitación por ser ellos perfectos, sino porque entienden que este es el compromiso que pone sobre sus vidas el mismo Jesús. Al igual que Moisés, se ven en la necesidad de volver una y otra vez a la presencia del Santo para que sus rostros brillen con la belleza del Señor. No se presentan como completos, sino como mujeres y hombres comprometidos con un genuino proceso de transformación.

Momento de quietud

Quisiera invitarte a que hagas tuya esta oración:

> *Señor, necesitamos a quienes imitar. Queremos que nos perdones por ser un pueblo que le ha dado más importancia a la información que a la experiencia. Rehusamos aceptar que estamos condenados a vivir solos esta aventura a la que nos has llamado. Redoblamos nuestro compromiso de ser un pueblo acostumbrado a contemplar tu rostro. Anhelamos romper con la falta de modelos, ofreciéndonos para que nos uses como ejemplo para los demás. Nos comprometemos a esforzarnos, por medio del Espíritu, a poner más énfasis en vivir tus verdades que en estudiarlas. Amén.*

ESCENAS DE CONTAGIO

Me convertí porque me inspiró la vida de Randy, un misionero. Yo quería ser como él, pues veía una seguridad y un sentido de propósito en su vida que yo no poseía. Cuando rendí mi vida a Jesús, Randy se comprometió a acompañarme durante el inicio de mi peregrinaje. Me invitó a acompañarlo a evangelizar en las calles y en la iniciativa de plantar, en un barrio marginado de Buenos Aires, una nueva congregación. Fueron años de experiencias muy ricas, pero el mayor impacto llegó por las incontables conversaciones que tuvimos «por el camino».

Abordamos temas desde cómo relacionarse con el sexo opuesto, la disciplina en las comidas, la relación con mis padres y la administración del dinero hasta la importancia del perdón. Ninguna conversación fue planeada. Se dieron en el marco de una relación que se cultivó con los años.

Randy, además, me invitaba a acompañarlo en una diversidad de actividades. Esto me brindó la oportunidad de observarlo con sus hijos, con su esposa, con sus vecinos, de compras, caminando por la calle o manejando su vehículo. En cada área, él me mostró cómo caminar con el Señor afecta todos los aspectos de la vida cotidiana.

CAPÍTULO 5

DOS HERMANAS, UNA HISTORIA

Un incidente en los Evangelios nos deja una importante advertencia a la hora de considerar la invitación del Señor a estar con él. Jesús llega a la casa de dos hermanas. María, la menor, está sentada a los pies de Jesús, escuchando cada palabra que sale de su boca. Marta, en cambio, se ocupa con los preparativos para la comida que debe servir a las visitas.

Mientras ella trabaja, sin embargo, no puede dejar de notar que su hermana no mueve ni un dedo para ayudarla. Se acerca al Señor para ventilar su fastidio: «¿No te importa que mi hermana me deje servir sola?» (Lucas 10:40, NBLA). Observamos, en sus palabras, que insinúa que Jesús es poco sensible a sus necesidades. Si él las hubiera percibido, piensa ella, habría hecho algo al respecto. Por esto, convencida de que este detalle se le ha escapado al Hijo de Dios, no duda en darle una orden: «Dile, pues, que me ayude».

Jesús —el que por siempre nos sorprende— no se suma al reclamo que le hace Marta. Más bien, la corrige: «Marta, querida Marta, haces demasiado escándalo y te preocupas por nada. Solo una cosa es esencial, y María la ha elegido» (Lucas 10:41-42, BEM).

El desafío que nos deja este texto es entender lo que María ha elegido. Si no podemos identificar exactamente cuál es el elemento que Jesús alaba, no podremos imitar su comportamiento.

No es por ahí el asunto

La interpretación tradicional que le damos a este relato es que debemos dejar lo que estamos haciendo para pasar más tiempo «sentados» a los pies de Jesús. Esta conclusión, que se alinea más con la tradición monástica que con el mundo real en el que vivimos, genera mucha frustración. Aun si tenemos la intención de avanzar por este camino, es difícil encontrar el tiempo para hacerlo en medio de las múltiples responsabilidades que debemos atender cada día.

No ignoramos, tampoco, que alguien debe ocuparse de la comida, de salir a trabajar, de lavar la ropa, de llevar a los niños al colegio. Si bien reconocemos que Marta necesita corregir un poco su actitud, su aporte al encuentro claramente es importante. Nuestra admiración por María no logra ocultar la sensación de que su propuesta es poco practicable en el complejo mundo de hoy.

La institución de la iglesia nos ha traído alivio para este dilema, estableciendo horarios y designando lugares para nuestra relación con Dios. De esta manera, apartamos ciertos momentos durante el día, o la semana, para conectarnos con él. Identificamos algunos espacios para cultivar esos momentos espirituales en la vida; la habitación donde tenemos nuestro devocional, el hogar donde se reúne nuestra célula y, por supuesto, el edificio donde nos congregamos, que llamamos la «casa de Dios» o «el templo». El resto del tiempo, nos dedicamos a los quehaceres de la vida cotidiana y transitamos por ese mundo que el socialista inglés George Jacob Holyoake identificó, en el siglo XIX, como «secular».

Esta visión de la vida ha quedado tan incorporada a nuestra perspectiva que no dudamos, ni por un instante, de la existencia de estos dos mundos. Invertimos nuestro esfuerzo en hacer malabares para que ninguno de los dos mundos quede desatendido, aunque el esfuerzo resulta agotador. Vivimos tironeados por las interminables exigencias y los continuos reclamos que llegan de estos dos espacios.

Dada nuestra convicción de que el verdadero problema es el mundo que nos rodea, no dejamos de soñar, en lo secreto, con dar ese gran salto que nos permitirá finalmente deshacernos de los compromisos «seculares». Cuando se produzca por fin ese soñado suceso, lograremos dedicarnos, de tiempo completo, a las cosas del Señor. Hemos de suponer que aquellos miembros del cuerpo que no logran este paso deberán conformarse, por siempre, con apenas dedicarle parte de su tiempo al Señor.

La actitud de Marta claramente revela los resultados que produce esta forma de vivir. Jesús la percibe ansiosa y perturbada. Y lo que resulta aún más alarmante es que ella está convencida de que es el ejemplo de responsable dedicación, una clara alternativa a la pereza de su hermana, María. Como suele suceder en situaciones en las que hay mucho de nosotros y poco del Señor, proyectamos sobre los de nuestro alrededor «nuestra forma de hacer las cosas», y les exigimos que vivan de la misma manera. Por lo general, este reclamo llega de la mano de amonestaciones y regaños. Tal como se observa en el texto, ¡ni el mismo Señor se salva del regaño!

> Es posible que la clave de lo que Jesús quiere enseñar no la encontramos en María, sino en Marta.

Creo que esta escena en la casa de Marta y María quiere invitarnos a mirar en una dirección completamente distinta a la de esta interpretación tradicional que tanta frustración nos produce.

Es posible que la clave de lo que Jesús quiere enseñar no la encontramos en María, sino en Marta.

Distraídos

Si pudiéramos hablar con Marta, es probable que descubriéramos que se aferra a esa perspectiva que considera que existe un tiempo para cada cosa, tal cual el rey Salomón (Eclesiastés 3:1-8). El fastidio de Marta se debe a que su hermana está perdiendo el tiempo, sentada a los pies de Jesús, precisamente en el momento destinado a preparar la comida. Marta, sin duda, también quisiera estar sentada a los pies del Señor, pero no puede darse ese gusto, porque «son muchas las cosas que hay que hacer».

Una pequeña palabra en el texto, sin embargo, nos puede ayudar a descifrar el verdadero problema. La Nueva Traducción Viviente elige un término que es revelador: «Marta —escribe Lucas— estaba *distraída* con los preparativos para la gran cena» (10:40, énfasis añadido). Es decir, su atención había sido atrapada de tal manera por la comida que había dejado de prestar atención a lo que el Señor compartía. Estaba presente físicamente, pero su mente y su corazón estaban ocupados con otras cuestiones. Es el mismo problema que sufren quienes caminan por la calle mirando el celular o conducen un vehículo mientras intentan responder a un mensaje de texto. Absortos por lo que sucede en la pantalla de sus dispositivos, dejan de percibir los peligros y los desafíos a su alrededor.

Para entender por qué la distracción es un problema, necesitamos erradicar, de una vez por todas, la idea de que estos dos mundos —el espiritual y el secular— se refieren a lugares geográficos. Si fuera así, claramente no podríamos estar en ambos lugares al mismo tiempo. La Palabra escoge hablar, más bien, de *dominios* que existen en las esferas espirituales: el reino del cielo y el reino de las tinieblas. No se trata de territorios en la tierra, sino de realidades que no se identifican con ningún lugar físico particular.

Lo que define la existencia de estos espacios espirituales son las personas. De esta manera, entonces, una empresa, por ejemplo, puede estar orientada hacia valores del reino de las tinieblas, pero algunos empleados que son discípulos de Cristo establecen en ese lugar la presencia del reino del cielo. Esta realidad acompaña a los discípulos dondequiera que se muevan, porque ellos viven conforme a valores completamente diferentes a los de la cultura caída que los rodea. Claramente, entonces, no necesitan estar en una ubicación específica para mostrar su conexión con Dios.

> Lo que define la existencia de un espacio espiritual son las personas que lo habitan, no el lugar dónde se encuentran.

Si nos trasladamos a Getsemaní, el lugar donde Jesús libra una de sus últimas grandes batallas, podremos observar la enorme complicación que genera la distracción. El Señor agoniza en oración porque busca la forma, frente al horror de la cruz, de sujetar su alma a la voluntad soberana del Padre. Los discípulos, dormidos, no están siquiera enterados de la titánica batalla que se libra a escasos metros de ellos. Cuando el Señor los despierta, les deja una solemne advertencia: «Estén atentos, oren para no caer en la tentación sin saber siquiera que están en peligro. Hay una parte de ustedes que está deseosa, dispuesta a todo con Dios. Sin embargo, hay otra parte que es tan perezosa como un perro viejo que duerme junto al fuego» (Mateo 26:40-41, BEM).

Del mismo modo que el animal distraído es presa fácil para el león, el discípulo desatento incursiona en territorio enemigo sin conocer las dinámicas espirituales que están en juego a su alrededor. Por estar desconectado del Señor, no puede aprovechar la valiosa asistencia que ofrece el Espíritu para guiar nuestras vidas en medio de los desafíos que enfrentamos.

Desconectados

La distracción es la principal responsable de que no vivamos una vida de conexión continua con el Señor. Cumplimos con nuestra rutina espiritual y suponemos que el Espíritu no tiene más que decirnos ni mostrarnos a lo largo del día. Al no prestarle más atención, no percibimos que el Señor sigue moviéndose a nuestro alrededor. Él continúa hablando, orientando, corrigiendo, restaurando y sanando, pero nosotros no registramos esas acciones. Nuestra convicción de que él se mueve solamente en el templo y el hogar nos lleva a relajarnos. Aunque sabemos, en el plano de lo teórico, que él obra en todos lados, consideramos que una manifestación divina en medio de lo cotidiano es poco probable.

Cuando andamos por la vida atentos, sin embargo, discernimos estos movimientos celestiales y nos podemos unir a ellos, extendiendo así el reino en el lugar donde estamos. Por esto, no tiene importancia alguna el que nos encontremos en el trabajo, la universidad, el supermercado, el vecindario o en una reunión con la comunidad de fe. El Señor no muestra preferencia alguna por horarios o lugares específicos. Para poder percibir este movimiento, sin embargo, será necesario vivir en comunión con el Espíritu. Por esto Pablo dedica todo un capítulo en su carta a los romanos a animarnos a cultivar esta conexión continua con Dios:

> La distracción es la principal responsable de que no vivamos una vida de conexión continua con el Señor.

> Aquellos que confían en el obrar de Dios en ellos descubren que el Espíritu de Dios está en ellos, ¡viviendo y respirando a Dios! La obsesión por uno mismo en estas cuestiones es un callejón sin salida, pero la atención a Dios nos lleva a la luz, a una vida espaciosa y libre. Centrarse en uno mismo es lo opuesto a enfocarse en Dios. El que está absorto en sí mismo ignora a Dios, acaba pensando más en sí mismo que en Dios. Esa persona ignora quién es Dios y lo que está haciendo.
>
> ROMANOS 8:5-8, BEM

Momento de quietud

Combatir la distracción crónica en nuestras vidas es un importante paso hacia una conexión más dinámica con el Señor. Para esto, Dios nos ha creado con una asombrosa capacidad. Podemos estar ocupados en actividades tales como llenar una planilla, realizar un trámite, conducir un vehículo, hacer las compras o limpiar la casa y, a la misma vez, estar atentos a ese espacio interior donde el Espíritu de Dios comulga con el espíritu humano. No necesitamos realizar un retiro para que esto suceda, ni apartarnos a un lugar designado para propiciarlo. Lo único que requiere de nosotros es prestar atención, pues «Dios celosamente anhela el Espíritu que ha hecho morar en nosotros» (Santiago 4:5, NBLA). Él continuamente nos busca. Nosotros, por nuestra parte, podemos colaborar para que no le resulte tan complicado hallarnos.

Ejercicio

Quisiera sugerirte un ejercicio para trabajar el tema de la distracción: el uso de una alarma. Yo suelo aprovechar las capacidades de mi celular o mi computadora. Algunas aplicaciones, cuando suena la alarma, congelan la pantalla de mi dispositivo y me obligan a interrumpir el trabajo. Cuando esto sucede, empleo cinco minutos para reconectarme con el Señor. Allí, donde estoy, vuelvo a orientar mi espíritu hacia él. Le cuento lo que estoy haciendo y aprovecho para darle gracias porque ha asumido el compromiso de estar con nosotros, «día tras día, hasta el fin de los tiempos» (Mateo 28:18-20, BEM).

Cuando le permito a esta alarma interrumpir mi actividad cotidiana varias veces al día, mi espíritu comienza a recuperar la sensibilidad al Señor. Con el paso de los días, he descubierto que comienzo a ganarle a esas interrupciones, y mi corazón, sin la ayuda de mis dispositivos, se orienta hacia el Señor. Lo que he logrado con el ejercicio es sencillamente proveer el estímulo necesario para cultivar esa postura de atención que debería ser natural para cada uno de nosotros.

Muchos medios, una meta

Resolver el tema de la distracción es fundamental porque, tal como hemos visto en la experiencia de los Doce, el proceso de formación se produce en el marco de una vida compartida. A diferencia de los procesos formales que invariablemente asociamos con la enseñanza, para los discípulos el aula es el lugar donde se encuentran, y los temas de estudio surgen de las experiencias particulares que atraviesan. Los procesos de formación son continuos, de manera que los discípulos están en formación todo el tiempo porque se encuentran siempre conectados con el Maestro.

> El Señor no muestra preferencia alguna por horarios o lugares específicos.

La propuesta del Señor para nuestras vidas es la misma. A lo largo del día, una infinidad de experiencias conllevan maravillosas oportunidades para convertirse en ricas experiencias de aprendizaje. Lo único necesario es que estemos atentos a lo que sucede en las esferas espirituales, de manera que podamos sumarnos a los movimientos del Señor en estos momentos.

Como no estamos acostumbrados a considerar que estas situaciones son «espirituales», sin embargo, las acabamos manejando como mejor podemos. A veces, incluso nos producen fastidio porque nos roban la oportunidad de disfrutar mejor de esos medios que, creemos nosotros, son mejores para conectarnos con el Señor: nuestras reuniones. Al igual que los dos discípulos caminando hacia Emaús, no hemos percibido que Jesús, por medio del Espíritu, está presente en el desorden de nuestras vidas cotidianas. Quiere cultivar con nosotros, como lo hizo en aquella ocasión, un proceso de productiva reflexión que colabore con nuestra formación.

> Combatir la distracción crónica en nuestras vidas es un importante paso hacia una conexión más dinámica con el Señor.

Nos alejamos de esta posibilidad, sin embargo, cuando insistimos en creer que la formación es sinónimo de un curso en un aula.

Lo mismo sucede cuando creemos que una relación con Dios puede ser sustentada por los escasos momentos espirituales que logramos incorporar a nuestras ajetreadas vidas cotidianas. Si pensamos, por un instante, en estos momentos específicos «dedicados al Señor» y revisamos nuestra semana, entenderemos cuán ingenua es esta propuesta.

> Los discípulos están en formación todo el tiempo porque se encuentran siempre conectados con el Maestro.

Supongamos, para simplificar nuestro análisis, que la suma de estos momentos incluye cuatro horas de reuniones formales a la semana y media hora de reflexión personal por día. Esto daría un total de siete horas y media semanales orientadas a actividades que solemos considerar espirituales. La semana, sin embargo, posee 168 horas. Si le descontamos a esta cifra las horas que dormimos, disponemos de 112 horas por semana. De esta manera, entonces, dedicamos apenas un 7 % de nuestro tiempo a los asuntos que se relacionan con el reino del cielo.

En cualquier otra esfera de la vida, nadie apostaría por grandes resultados ante una inversión tan insignificante. Ningún deportista alcanzará grandes logros dedicando apenas el 7 % de su tiempo a entrenarse. Un músico nunca llegará a deslumbrar si invierte apenas el 7 % de su tiempo a practicar. Un empresario no logrará montar un emprendimiento nuevo si le dedica solamente el 7 % de su esfuerzo. No obstante, en el entorno de la iglesia, persistimos en creer que nuestra menesterosa dieta espiritual puede conducirnos hacia grandes conquistas en la vida con Cristo.

> Lo único necesario es que estemos atentos a lo que sucede en las esferas espirituales, de manera que podamos sumarnos a los movimientos del Señor en estos momentos.

Otra mirada

Una forma en la que podemos resolver esta dificultad, ahora que hemos dado algunos pasos para remediar nuestra distracción, es comenzar a prestarle atención al enorme potencial que posee el mundo desordenado por el que transitamos cada día.

Este es el mismo confuso espacio por el que caminan Jesús y los discípulos. Es aquí que viven muchas de las experiencias de aprendizaje más dramáticas. No han sido organizadas por nadie ni forman parte de un curso diseñado para este propósito. Más bien, aparecen de manera espontánea, sobre la marcha, y el Señor las usa como punto de partida para enseñar sobre los valores del reino.

Dedicamos apenas un 7 % de nuestro tiempo a los asuntos que se relacionan con el reino del cielo.

Cuando se encuentran con un hombre ciego, los discípulos aprovechan para preguntarle sobre el origen del pecado[22].

Cuando los fariseos se acercan para criticar a los discípulos por no lavarse las manos, Jesús usa la situación para enseñar acerca de lo que realmente contamina[23].

Un momento de frustración ministerial, en el que los discípulos no logran ministrar a un muchacho epiléptico, genera una pregunta sobre lo que marca la diferencia en estas situaciones[24].

La triste respuesta de un hombre con mucho dinero se presta para que Jesús hable sobre la relación del discípulo con las riquezas[25].

Esta orientación hacia la formación no es nueva. Cuando Moisés lleva al pueblo a reflexionar sobre el camino que han recorrido, dice: «Recuerda cómo el Señor tu Dios te guio por el desierto durante cuarenta años, donde te humilló y te puso a prueba para revelar tu carácter y averiguar si en verdad obedecerías sus mandatos. Sí, te humilló permitiendo que pasaras hambre» (Deuteronomio 8:2-3).

La multitud de experiencias por las que han transitado durante todos estos años no son las caprichosas expresiones de las circunstancias que les tocaron. Más bien, detrás de cada prueba y cada

---

[22] Juan 9.
[23] Mateo 15:1-16 y Marcos 7:1-21.
[24] Marcos 9:14-29, NBLA.
[25] Marcos 10:17-31.

complicación, ha estado la buena mano del Señor, buscando convertir todas sus vivencias en oportunidades para afianzar en ellos los valores de su verdad pues, tal cual afirma el salmista, «todo está al servicio de tus planes» (Salmo 119:91).

Es a este gran principio que alude el apóstol Pablo cuando declara: «Y sabemos que Dios hace que todas las cosas cooperen para el bien de quienes lo aman y son llamados según el propósito que él tiene para ellos» (Romanos 8:28). «Todas las cosas» incluye, muchas veces, aquella multitud de situaciones que hemos descartado por no considerarlas espirituales. Para los que andamos en Cristo, sin embargo, literalmente todas las experiencias de la vida son espirituales cuando nuestro andar es en compañía del Espíritu. El Señor las aprovecha para que todas colaboren con el objetivo que ha trazado para sus discípulos: que cada uno de nosotros llegue «a ser como su Hijo» (8:29).

En nuestras vidas, no encontramos las mejores oportunidades para crecer ni en un aula ni en una reunión. Al contrario, las reflexiones que compartimos en estos espacios muchas veces sufren de una notable desconexión del mundo real en el que transcurren nuestras vidas cotidianas. Es en estos espacios de la vida real que existen las más ricas oportunidades para trabajar los valores del reino de los cielos. Puede que se trate de una relación complicada en el trabajo, del tránsito que dificulta nuestro traslado de un lugar a otro, de la inflación que castiga nuestra economía o de la inseguridad en el barrio donde vivimos. Puede que se refiera a hijos que no quieren acostarse, a un conyugue que no nos entiende o a un vehículo que no arranca cuando más lo necesitamos. Cada una de estas situaciones posee enorme potencial para ayudarnos a seguir creciendo en nuestra relación con el Señor.

Para los que andamos en Cristo, literalmente todas las experiencias de la vida son espirituales cuando nuestro andar es en compañía del Espíritu.

Recuerdo una situación de frustración en el ministerio en la cual habíamos perdido, por un robo, una importante parte de la producción de un material para pastores. Esta se sumó a varias complicaciones en el ámbito personal. Agobiado por las pruebas, me presenté delante del Señor para llorar. En un momento de profunda intimidad, el Señor, luego de consolarme, me ayudó a ver cómo las pruebas eran un regalo porque me obligaban a buscar su rostro. Yo quería que él resolviera mis problemas, pero él me mostró que, a través de las pruebas, yo accedía a una conexión vital y renovadora con él. Junto al salmista, pude darle gracias porque, en su fidelidad, me había afligido (Salmo 119:75).

Si nos animamos a caminar por la vida atentos, combatiendo la distracción, comenzaremos a disfrutar de experiencias que, en otro momento, solamente hubieran generado frustración.

En otra ocasión, frustrado por el pesado tránsito que dificultaba que llegara a un programa de televisión, sentía que el Señor me decía: «¡Qué buen momento para alabar!». Aproveché el equipo de música de mi vehículo y puse música de adoración. Cantando en el tránsito, descubrí la preciosa libertad que disfruta el verdadero adorador. ¡No necesita de una reunión para conectarse con el Señor!

La convicción de que nuestro buen Padre celestial lleva adelante su compromiso con nuestra formación a lo largo del día, todos los días de la semana, nos invita a una reorientación de nuestras vidas. Estas circunstancias no poseen provecho para nosotros a menos que estemos dispuestos a definitivamente descartar la idea de que ciertos espacios no tienen relación alguna con la vida espiritual. Si nos animamos a caminar por la vida atentos, combatiendo la distracción, comenzaremos a disfrutar de experiencias que, en otro momento, solamente hubieran generado frustración.

Ninguno de estos espacios se escapa del proyecto de transformación que el Señor tiene para tu vida.

Momento de quietud

Quisiera que te detengas, unos momentos, y pienses en tu vida tal como la experimentas hoy. Toma un momento para darle gracias a Dios por el lugar donde transcurre tu vida cotidiana. Bendice al Señor por el desorden del hogar, los desafíos del trabajo, las complicaciones en el lugar de estudio y los retos que te proponen las relaciones familiares. Anímate a afirmar que ninguno de estos espacios se escapa del proyecto de transformación que el Señor tiene para tu vida. En estos espacios también se movieron los discípulos con Jesús.

Aprovecha algunas de estas preguntas para seguir reflexionando sobre el tema:

1. ¿En qué áreas experimentas tus mayores desafíos hoy?

2. ¿Qué intenta el Señor lograr en tu vida por medio de estas situaciones?

3. ¿De qué manera puede cambiar tu vida el saber que el Señor se mueve en los lugares dónde normalmente no esperamos que actúe?

4. ¿Cómo puedes mejor aprovechar los contratiempos que experimentas cada día?

5. ¿Qué pasos puedes dar para cultivar una actitud más atenta a las indicaciones del Espíritu? (En el capítulo 10, exploraremos formas en las que podemos aprender a caminar mejor con el Espíritu).

ESCENAS DE CONTAGIO

Durante los años de estudio en el seminario, dos profesoras, Betty y Julie, marcaron profundamente mi vida. Me desbordaba el entusiasmo que generaba el trabajar en diferentes aspectos de la vida espiritual por medio de estudios detallados del texto bíblico y debatiendo estos temas en el aula en compañía de algunos docentes brillantes.

Betty y Julie, sin embargo, fueron las primeras personas que me invitaron a empezar a prestarle atención a lo que sucedía en mi vida fuera del ámbito del aula. Su interés por mí, como persona, las impulsó a entablar conmigo conversaciones que les permitieron conocer algunas de las luchas que vivía en mi vida personal.

Cuando hablaba con ellas, veía cómo Jesús se había instalado en sus vidas cotidianas. Conversaban con el Señor de manera muy natural durante los diferentes momentos del día. Sus vidas espirituales, prácticas y sencillas, me atraían porque carecían de cualquier vestigio de religiosidad. Estaban conectadas con Jesús aun cuando no realizaban ninguna tarea aparentemente «espiritual». Me inspiraron a empezar a explorar cómo vivir a Cristo en mi andar diario.

CAPÍTULO 6

EL QUE TIENE OÍDOS PARA OÍR

Estar con Jesús. De eso consiste la propuesta que él les hace a sus discípulos. Lo acompañarán en su recorrido por la región, proclamando que el reino de Dios se ha acercado. A lo largo del camino, tendrán la oportunidad, en una gran diversidad de situaciones, de observar al Señor. Estas darán lugar, en muchas ocasiones, a preguntas e inquietudes sobre las cuales reflexionarán juntos. Participarán, de diferentes maneras, en las buenas obras que Jesús lleva adelante. Cada una de estas experiencias sumará, desde su lugar, a la transformación de los Doce.

Así como sucedió con Moisés, sin embargo, durante gran parte del tiempo, ellos no serán conscientes de que sus vidas son transformadas como resultado de lo que viven.

El proceso, como hemos observado, posee matices misteriosos que se resisten al análisis. A pesar de esta limitación, quisiera examinar cinco medios que sirven para la experiencia de transferir vida. No son, de ninguna manera, los únicos. Un proceso que depende de tantas variables no se presta a las prolijas explicaciones que nos suelen atraer. Estos elementos, sin embargo, se observan con cierta claridad en el relato de los Evangelios. El proceso de seguir observando con detenimiento la vida del Cristo de seguro revelará otros componentes que no he considerado.

En este capítulo, me enfocaré en las dinámicas que se cultivan por medio de expresiones verbales: las maneras en que Jesús comunicó, *con palabras*, las verdades eternas de Dios. En el siguiente capítulo, examinaré medios que funcionan aun frente a la ausencia de palabras, aquellas actitudes y posturas que revelan las convicciones escondidas del corazón. En la gran mayoría de las situaciones de la vida, estas, aunque silenciosas, hablan más fuerte que los mensajes verbales y proveen un respaldo crucial para las declaraciones de la boca.

El discurso

El primer medio que observamos en los Evangelios es el de los pronunciamientos públicos de Jesús. El conjunto de enseñanzas que conocemos como el Sermón del Monte es un buen ejemplo de este medio. «Cierto día —nos dice Mateo—, al ver que las multitudes se reunían, Jesús subió a la ladera de la montaña y se sentó. Sus discípulos se juntaron a su alrededor, y él comenzó a enseñarles» (Mateo 5:1-2). Los temas que aborda constituyen uno de los más sublimes discursos registrados en la historia de la humanidad. Contiene una maravillosa serie de exposiciones que describen de qué manera se modifican los desafíos comunes al ser humano cuando se afrontan con los valores del reino.

Jesús no ha inventado esta forma de compartir las verdades del reino. La prédica es común en las reuniones que se celebraban en las sinagogas. Por lo general, los hombres asisten a ellas varias veces por semana para escuchar enseñanzas sobre la Palabra. Jesús no duda, entonces, en aprovechar este método para compartir sus reflexiones sobre las Escrituras. Al llegar a un lugar, según el testimonio de Lucas, el Señor suele unirse a quienes asisten a la sinagoga. De esta manera, entonces, recorre la región «predicando en las sinagogas de toda Judea» (Lucas 4:44).

Estas prédicas, sin embargo, guardan pocas similitudes con los sermones que acostumbramos escuchar los domingos, en nuestros retiros o en nuestras conferencias. El énfasis no descansa ni en la estructura del mensaje ni en las capacidades de oratoria del que enseña. Más bien, las exposiciones son sencillas y de corta duración. De hecho, en muchas sinagogas, los participantes suelen turnarse en la enseñanza de la Palabra porque la meta no es deslumbrar a los oyentes, sino exponer con claridad las Escrituras para facilitar su práctica en la vida cotidiana.

El discurso recorre mayormente el camino del oír. Se construye con una propuesta sencilla: una persona habla y otros la escuchan. Por lo general, sirve para exponer la Palabra de Dios o abordar temas complejos que requieren, para su comprensión, de alguna explicación. El discurso, bien trabajado, apela a nuestra capacidad de escuchar no solamente con los oídos, sino también con el corazón. Esta conexión sagrada es la que asegura que «no se engañen ustedes mismos pensando que son buenos oyentes cuando en realidad hacen caso omiso a la palabra, les entra por un oído y les sale por el otro» (Santiago 1:22-24, BEM). Por esta razón, Jesús a veces termina una enseñanza con un solemne llamado, como lo hace en Marcos 4:23: «Si alguno tiene oídos para oír, que oiga» (NBLA).

Seguramente la razón por la que encontramos pocos registros de sermones en los Evangelios es porque no es un medio muy efectivo de formación. Carece de eficacia porque apela a dos capacidades para las que no poseemos mucha destreza. La primera es la habilidad de retener información. Los estudios más serios revelan que, en el mejor de los casos, recordamos solo el 50 % de lo que hemos escuchado en un discurso después de unos veinte minutos. Pasado apenas un día, este porcentaje se reduce al 33 %. Cuando ha transcurrido una semana, recordamos menos del 25 % de lo que escuchamos. Luego de varias semanas, es probable que casi todo el contenido de una prédica haya quedado en el olvido[26], especialmente en un entorno eclesial como el nuestro, saturado de discursos y reflexiones.

No hace falta recurrir a las ciencias sociales para confirmar esta observación. Si te preguntara cuál fue el tema de un sermón que escuchaste hace seis semanas, dudo que pudieras identificar siquiera eso. Mucho menos recordarías la multitud de mensajes desarrollados en la última conferencia en la que participaste, más allá de afirmar que «la pasaste muy bien», frase que no suma ningún ingrediente específico a la transformación.

A pesar de que los resultados del discurso son tan pobres, en la cultura de la iglesia seguimos convencidos de que la mejor forma de impactar vidas es por medio de sermones, talleres, conferencias y seminarios. La meticulosa inversión que hacemos los maestros en desarrollar, punto por punto, nuestra enseñanza rara vez produce un verdadero impacto. Suponemos que las verdades que hemos trabajado van a quedar grabadas en los corazones de quienes nos escuchen. La verdad, sin embargo, es que la formación edificada sobre monólogos logra muy pocos resultados más allá del entusiasmo momentáneo que puede generar una buena exposición de la Palabra.

Vuelta de tuerca

Una de las formas con las que Jesús resuelve esta falta de concentración es mediante el uso de breves historias que conocemos como parábolas. Giran en torno a un sencillo relato que emplea las experiencias comunes de la vida cotidiana, bien conocidas

[26] «The Forgetting Curve» [La curva del olvido], McGill, accesado el 1 de diciembre del 2025, https://www.mcgill.ca/access-achieve/learning/guides/memory?utm_source.

para sus oyentes: una moneda perdida, una semilla sembrada, una oveja extraviada, un asalto violento, un juez indiferente, una construcción abandonada, un hijo rebelde, una deuda impagable[27]. Lo colorido de los personajes y los desenlaces inesperados de cada parábola se prestan para que los oyentes puedan fácilmente recordar la enseñanza que acompaña la historia. La aparente inocencia de las historias esconde una verdad sobre el reino que resultaría difícil explicar por otro camino.

> La formación edificada sobre monólogos logra muy pocos resultados más allá del entusiasmo momentáneo que puede generar una buena exposición de la Palabra.

Jesús mismo aclara por qué escoge hablar por medio de parábolas:

> A ustedes se les ha concedido tener una visión del reino de Dios —respondió Jesús—. Saben cómo funciona. No todo el mundo tiene este don, esa visión; no se les ha dado a todos. Cuando alguien tiene el corazón dispuesto, las percepciones y el entendimiento fluyen libremente. En cambio, si el corazón no está dispuesto, cualquier rastro de receptividad desaparece pronto. Por eso cuento historias: para crear esa disposición, para llevar a la gente hacia un agradable despertar. En su estado actual, pueden quedarse mirando hasta el día del juicio final y no ver, escuchar hasta el cansancio y no entender.
>
> MATEO 13:11-15, BEM

El uso de parábolas vuelve a confirmar que las lecciones importantes de la vida se gestan en medio de las actividades que conforman nuestras rutinas diarias. Las oportunidades para aprender están a disposición de todos los que tienen ojos para ver y oídos para escuchar. Son la razón por la que el rey Salomón afirma:

[27] Lucas 15:8; Mateo 13:4; Lucas 15:4; Lucas 10:30; Lucas 18:2; Lucas 14:28; Lucas 15:11; Mateo 18:30.

Si logramos andar por la vida con un corazón atento, combatiendo la tendencia a estar desconectados de lo espiritual, podremos beneficiarnos de las muchas oportunidades para crecer que se nos presentan a cada momento.

La señora Sabiduría sale a la calle
y grita.
En el centro de la ciudad pronuncia
su discurso.
En medio del tráfico se pone de pie.
Desde la esquina más concurrida,
vocifera.

PROVERBIOS 1:20-21, BEM

Si logramos andar por la vida con un corazón atento, combatiendo la tendencia a estar desconectados de lo espiritual, podremos beneficiarnos de las muchas oportunidades para crecer que se nos presentan a cada momento.

Momento de quietud

Podemos compensar las debilidades que posee el método del discurso con algunos cambios que mejoran nuestra respuesta a la palabra que escuchamos. Estas sugerencias te pueden resultar útiles:

1. Anímate a darle la espalda a la idea, atrincherada en esta generación, de que cuánto más escuchas, más santo eres. En nuestro contexto, el sermón del domingo compite con las prédicas que miramos en YouTube, los pódcast que escuchamos durante la semana y el interminable desfile de consejos y frases que vemos en Instagram. En medio de este aluvión de mensajes, resulta casi imposible acompañar una palabra con un proceso de reflexión productiva.

   En la cultura bíblica —sin dispositivos electrónicos, televisión, radio o medios para reproducir prédicas—, las personas reflexionaban por semanas acerca de un solo mensaje que habían escuchado. Este ejercicio es el que permite relacionar una verdad con la realidad personal y descubrir de qué manera podemos convertirla en vida.

2. Acostúmbrate a tomar notas durante una prédica o una reflexión compartida. El ejercicio de anotar no solamente ayuda a fijar la idea, sino que permite volver, más tarde, para revisar los conceptos compartidos y continuar con el proceso de reflexión.

3. Nuestra fuerte orientación hacia el mundo del entretenimiento, con infinidad de películas y series al alcance de nuestros dispositivos, tiende a afianzar en nosotros la percepción de que somos eternos espectadores de todo lo que sucede a nuestro alrededor. Esta perspectiva es la que nos lleva a evaluar un sermón exclusivamente por su capacidad de entretenernos. Genera frases tales como: «Me gustó la prédica hoy», «El predicador estuvo divertido» o «Me pareció aburrido

el mensaje». Debemos recordar que el propósito de una prédica no es entretener, sino invitarnos a acercarnos a la Palabra para que produzca en nosotros transformación.

4. Una buena prédica debe generar tres preguntas: ¿qué quiere Dios que entienda? (esta pregunta trabaja sobre la mente); ¿qué quiere Dios que sienta? (esta pregunta trabaja más sobre el corazón); ¿qué quiere Dios que haga? (esta pregunta se orienta hacia la voluntad y la decisión de tomar una acción específica). Tal como hemos visto, es en la práctica que una verdad comienza a trabajar en nuestras vidas.

   No todos los predicadores logran abordar con claridad estos tres interrogantes, pero nosotros podemos compensar esa debilidad si cultivamos la costumbre de identificar, por nuestra cuenta, la respuesta a cada una de estas preguntas.

5. El impacto de una prédica no se da en el momento en que la escuchas, sino en el momento que sales a la vida. Es allí donde una palabra debe marcar la diferencia en tu andar. Por esto, resulta muy útil seguir reflexionando durante la semana sobre el mensaje escuchado. Puedes suplementar tu reflexión leyendo otros pasajes que se refieran al tema trabajado en la prédica.

6. Convierte en oración tu deseo de evitar el mal que identifica el apóstol Santiago en la iglesia: ser un oidor olvidadizo que se engaña a sí mismo[4].

[4] Santiago 1:22-25.

El diálogo

Un día, Jesús se detiene en un pozo, donde se cruza con una mujer samaritana que ha venido a buscar agua. De un simple pedido —«Dame un poco de agua para beber» (Juan 4:7)— se desarrolla un maravilloso intercambio que le permite a ella descubrir que él es el Cristo. A pesar de la mala fama de esta mujer en el pueblo, muchos otros samaritanos, movidos por su relato, depositan también su confianza en Jesús y le ruegan que se quede unos días más con ellos.

El dialogo permite relacionar una verdad con la realidad personal y descubrir de qué manera podemos convertirla en vida.

¡Y todo esto sucede como resultado de una conversación!

Los Evangelios registran muchos diálogos parecidos a este. Jesús conversa con sus discípulos, con otros seguidores, con personas que lo interrumpen e, incluso, con líderes religiosos, como en el caso de Nicodemo[28]. Estos momentos revelan el enorme potencial que tiene una conversación para facilitar reflexiones productivas e impulsar cambios que pueden afectar, de manera dramática, el rumbo de una vida.

El diálogo es una invitación a un franco intercambio de ideas, sensaciones y opiniones entre dos personas. Apela a mucho más que la capacidad de oír. Abre el camino para compartir experiencias, sentimientos, convicciones, dudas y preguntas, permitiendo, de esta manera, que todos los sentidos participen de la experiencia. En esta forma de comunicación se crean los espacios necesarios para hablar de aspectos de la vida que son prácticamente imposibles de discernir en un monólogo.

El propósito de una prédica no es entretener, sino invitarnos a acercarnos a la Palabra para que produzca en nosotros transformación.

Este beneficio es de especial importancia para Jesús, pues él

[28] Juan 3:1-21.

siempre busca la forma de conectarse con el corazón. Conoce bien la exhortación del autor de Proverbios: «Sobre todas las cosas cuida tu corazón, porque este determina el rumbo de tu vida» (4:23). Sabe bien que allí tienen su origen los problemas más serios del ser humano, pues «lo que sale de la boca proviene del corazón, y eso es lo que contamina al hombre» (Mateo 15:18, NBLA). Por esto celebró, en el Sermón del Monte, el milagro de una vida transformada, declarando: «Bienaventurados los de limpio corazón, pues ellos verán a Dios» (Mateo 5:8, NBLA).

Esta es una de las razones por las que Jesús muchas veces responde no a lo que una persona dice, sino a lo que él ve en el corazón de ella. Así sucede, por ejemplo, cuando los discípulos comienzan a discutir acerca de quién es el mayor entre ellos: «Jesús, sabiendo lo que pensaban en sus corazones, tomó a un niño y lo puso a Su lado» (Lucas 9:47, NBLA). Procede a animarlos a un cambio de actitud en los lugares secretos de sus vidas, donde se gestan los comportamientos que muchas veces conducen al pecado.

Debido a este interés de Jesús por hablarles a los corazones de aquellos con quienes se cruza, muchas veces emplea preguntas como un medio para estimular la conversación. De hecho, sorprende descubrir que los Evangelios contienen un registro de 307 preguntas por parte del Señor además de las 183 preguntas que le hacen a él. Si recordamos que Cristo todo lo sabe, entendemos que sus preguntas no buscan resolver un problema de desinformación. Más bien, señalan un fuerte compromiso con explorar formas de interacción que le abran el camino al diálogo, algo que les permite a otros la más plena participación en una enseñanza.

Si recordamos que Cristo todo lo sabe, entendemos que sus preguntas no buscan resolver un problema de desinformación.

Por esta razón, Jesús suele responder a una pregunta con una nueva pregunta. Obliga, de esta manera, a la persona a seguir pensando sobre el tema que la inquieta. Al estimular la reflexión, Jesús permite que la persona haga la transición de oyente pasivo a participante pleno en el proceso de explorar las profundas verdades del reino.

Hacia el diálogo

El diálogo definitivamente es más trabajoso que el monólogo, pues nos vemos obligados a hablar en sintonía con los aportes de los que se suman a la conversación. Debemos cultivar nuestra capacidad de escuchar, respetando los tiempos y los silencios de la otra persona mientras aprendemos también a discernir los mensajes del corazón que revelan las palabras.

Este desafío, sin embargo, se ve ampliamente compensado por los maravillosos beneficios que genera. Aquellos que incluimos en la charla se sienten valorados. Se abre, también, el camino para una comprensión más completa de un tema, pues la suma de perspectivas es siempre más rica que la mirada del individuo. Por otro lado, las preguntas e inquietudes de la otra persona nos invitan a seguir reflexionando aun sobre aquellos temas que ya hemos trabajado ampliamente. Sobre todas las cosas, mediante nuestras preguntas, indicamos nuestro genuino interés por la vida, la experiencia y la perspectiva de otro.

Por todas estas razones, entonces, debemos cultivar un profundo aprecio por el potencial que posee una pregunta. Debe conducirnos a resistir la tentación de saltarnos las preguntas cuando leemos o a refugiarnos en el silencio cuando se abre un espacio de diálogo entre amigos. Al acercarnos al texto de las Escrituras, nuestras preguntas también pueden ayudarnos a descubrir verdades que pasan desapercibidas para aquellos que están demasiado apurados como para detenerse con los detalles del texto. (Si deseas explorar el uso

> La suma de perspectivas es siempre más rica que la mirada del individuo.

de preguntas en la lectura de un texto Bíblico, encontrarás más orientación en el primer apéndice de este libro).

> Al acercarnos al texto de las Escrituras, nuestras preguntas también pueden ayudarnos a descubrir verdades que pasan desapercibidas.

El discípulo que aspira a transitar por el mismo camino que Jesús trabajará el arte de hacer buenas preguntas porque entiende que son la llave que abre conversaciones edificantes. Para que estas cumplan su propósito, debemos estar convencidos de que siempre es mejor acercarse para escuchar que para ser escuchado. Mostramos, de esta manera, que interesarse por los demás es una de las más claras expresiones de nuestro compromiso de amar al prójimo con la misma intensidad con la que ama Jesús.

En este marco, la buena pregunta es breve, simple y clara. No debe requerir de una explicación para que se entienda su sentido. Es, además, una que invita a que la persona abra su corazón y comparta algo de su vida. El objetivo es estimular a las personas a hablar. Cuando va acompañada de un genuino interés, las personas responden, entusiasmadas, a esta invitación.

Cuando Jesús responde a una pregunta con otra pregunta, evita el camino fácil de dar una respuesta, y obliga a la persona a seguir pensando sobre el tema. Entiende que las personas suelen olvidar lo que otros les han dicho, pero rara vez se olvidan de aquello que han descubierto por sí mismos. Por esto, en lugar de simplemente enunciar él la verdad, Jesús emplea su capacidad para guiar a otros hacia ella. (Si quieres seguir explorando el uso de preguntas para entablar conversaciones con otros, también encontrarás más orientación en el segundo apéndice de este libro).

> Las personas suelen olvidar lo que otros les han dicho, pero rara vez se olvidan de aquello que han descubierto por sí mismos.

Momento de quietud

El diálogo es la llave que abre la puerta de la amistad. Es en el compartir vida juntos que le sumamos un ingrediente de transformación a nuestro peregrinaje. Nuestro llamado como discípulos es ser personas que se sienten cómodas gestando conversaciones con los demás. Para que esto suceda, quisiera invitarte a reflexionar sobre estas preguntas:

1. ¿Cuál es una conversación que recuerdas con gratitud? Identifica los ingredientes que la convirtieron en una bendición.

2. ¿De qué maneras puedes estimular más diálogos en tu vida?

3. ¿Qué persona(s) te ha(n) provisto de un buen ejemplo a la hora de saber cómo entablar una buena conversación? ¿Qué aspectos de sus habilidades podrías imitar?

Asumir un compromiso con el diálogo no es simplemente incorporar algunos métodos para conectar mejor con las personas. Es también un asunto de las convicciones que gobiernan nuestras acciones. Te animo a que consideres algunos de los siguientes puntos:

1. Una de las experiencias que mayor tristeza me produce es llegar a una congregación y percibir lo poco amigable que son personas que se pasan la vida hablando de estar conectadas con un Dios de amor. ¡Qué pena que haya, en este lugar, algunas personas sentadas solas, esperando que empiece la «función», a las que nadie se acerca porque no son parte del grupo!

   Una de las características distintivas de Jesús es que, rodeado de enormes multitudes, siempre logra percibir la necesidad del individuo. De esta manera, responde al dolor de una viuda enterrando a su único hijo, al clamor de Bartimeo y a la curiosidad de Zaqueo subido a un árbol[5]. Pídele al Señor ojos para ver a los que están solos y la valentía para acercarte a entablar con ellos una conversación. Y esto debe ser algo que practiques en cualquier espacio en el que te muevas, no solamente en las reuniones de tu congregación.

2. Toda conversación debe vencer la incomodidad momentánea de explorar un espacio de intimidad que aún no existe. Es en este punto que la mayoría preferimos hablar con las personas con las que ya disfrutamos una relación. Por eso, nos sentamos cerca de ellas y son las primeras a quienes buscamos cuando termina el encuentro. Anímate a tomar la iniciativa de explorar relaciones interpersonales donde aún no existen. Acércate a mostrar interés por aquellos a quienes la mayoría tratan con indiferencia.

3. Por lo general, una persona disfruta la oportunidad de hablar de sí misma si le haces preguntas discretas

[5] Marcos 10:46-52; Lucas 7:11-17; 19:1-10.

y respetuosas. No obstante, debes tener cuidado de no excederte en el uso de preguntas. No quieres dar la sensación de que la estás interrogando. Más bien, lo que deseas es encontrar la forma de entablar una conversación.

4. Descubrirás, por el camino del diálogo, que muchas personas entusiasmadas a la hora de hablar de sí mismas muestran poco interés por escuchar a los demás. Ocasionalmente, sentirás que todo el esfuerzo lo estás haciendo tú. ¡No te desanimes! El ejercicio de aprender a acercarse a otros es siempre beneficioso, pues cultiva en nosotros paciencia, compasión y perseverancia. Pídele al Señor que te dé oportunidades para aprender a dialogar con otros. La buena conversación es un arte que se cultiva con la experiencia.

Además, con tu ejemplo, estarás mostrando a otros de la comunidad la forma de llevar adelante un ejercicio que debería ser común para todos los hijos de Dios.

ESCENAS DE CONTAGIO

Cuando estaba en el seminario, tuve la oportunidad de asistir a una conferencia que ofrecía Bruce Wilkinson, el autor de *La oración de Jabes*. Yo trabajaba, en ese momento, en mi tesis y me interesaba mucho poder incluir algo de su material en la investigación que realizaba. Aproveché el evento para hacerle llegar una nota solicitando el permiso necesario.

De esa sencilla nota se desprendió una invitación, por parte de Bruce, a compartir juntos un almuerzo. La conversación que se dio en ese encuentro fue el detonante de una importante crisis que me obligó a replantear algunas cuestiones relacionadas con mi vida espiritual. Bruce había percibido, a través de las pocas frases en mi nota, una necesidad profunda en mi vida, y respondió a esa inquietud.

A lo largo de cuatro décadas de ministerio, he confirmado, una y otra vez, que los momentos más importantes en una conferencia, un seminario e incluso una clase no son los de la presentación formal de una verdad, sino las conversaciones maravillosas que se producen entre presentación y presentación. Al igual que sucede con los discípulos, la conversación permite trasladar un principio general a la aplicación personal en la vida de la persona. En efecto, mucho tiempo después de aquella conversación con Bruce, yo seguía trabajando para incorporar a mi vida algunas de las verdades que él había compartido conmigo en ese almuerzo.

Asimismo, un profesor que marcó mi vida, en el seminario, nos animaba a estar atentos a las conversaciones que se dan «en los pasillos». En esos espacios, entre reunión y reunión, se producen algunos de los intercambios más valiosos entre las personas, todos ellos espontáneos e informales.

CAPITULO 7

POR EL CAMINO DE LA INFLUENCIA

Las ciencias de la educación comenzaron a identificar, en el siglo xx, la forma en la que los sistemas informales de aprendizaje impactan nuestras vidas. Por primera vez, reconocieron que mucho de lo que aprendemos no llega por medio de la educación programada, sino principalmente por las experiencias y las relaciones interpersonales que acompañan nuestro peregrinaje. A este descubrimiento le sumaron otro aún más llamativo: en los procesos informales, la persona no suele tener consciencia de que está aprendiendo. Es decir, incorpora conocimiento sin darse cuenta de que lo asimila.

Esta revelación resulta novedosa porque nos rodea una cultura convencida de que el conocimiento se adquiere por medio del estudio que ofrecen las escuelas, los institutos y las universidades. Jesús, sin embargo, perteneció a un mundo donde las escuelas eran mayormente religiosas y su aporte duraba apenas unos años. Él, sobre todo, poseía una profunda convicción acerca de un principio fundamental del reino: nuestra mayor influencia no descansa tanto sobre lo que hacemos, sino sobre la forma en la que elegimos vivir. Nuestras vidas son la expresión de las convicciones que se han arraigado en nuestros corazones.

> Mucho de lo que aprendemos no llega por medio de la educación programada, sino principalmente por las experiencias y las relaciones interpersonales que acompañan nuestro peregrinaje.

Esta es una de las razones por las que los Evangelios son el relato de una vida, no de un programa. Al vivir en medio del pueblo de Israel, Jesús ejerce influencia sobre aquellos a su alrededor sin que ellos sepan bien lo que está sucediendo. Esto no se debe a que el Señor desee engañarlos, sino a que la gran mayoría de los elementos que le dan forma a una vida son imperceptibles. Por esta razón, la influencia de Jesús es, muchas veces, el resultado de acciones naturales sin ningún elemento de programación. Desconoce la inclinación, tan común en nuestras congregaciones, a creer que, si algo va a suceder en las personas, debe ser el resultado de una reunión cuidadosamente planificada. Su vida, llena de gracia y verdad, más bien impacta a los demás ¡simplemente por compartir con ellos una relación!

En este capítulo, quisiera enfocarme en tres de los ingredientes que son parte de estos procesos invisibles. Al trabajar para identificarlos, sin embargo, no quisiera que te sientas seducido a buscar la forma de convertirlos en un método para influenciar a los demás. El momento en el que recorremos ese camino es aquel en el que pierden su efectividad porque no son el resultado de un esfuerzo consciente, sino la manifestación de una realidad trabajada en los espacios escondidos del corazón.

El ejemplo

Hacia el final de su vida, el Señor llega, junto con los discípulos, a una casa donde compartirán una última cena juntos. Durante la comida, Jesús se levanta y comienza a lavar los pies de cada uno de ellos, la tarea que solía realizar el sirviente de la casa. Cuando finaliza este proceso, les explica lo que ha hecho: «Les di mi ejemplo para que lo sigan. Hagan lo mismo que yo he hecho con ustedes» (Juan 13:15). Y para que no les quede ninguna duda acerca del objetivo de su ejemplo, cierra la enseñanza diciendo: «Ahora que saben estas cosas, Dios los bendecirá por *hacerlas*» (Juan 13:17, énfasis añadido).

El ejemplo definitivamente apela más a los ojos y a la reflexión que a los oídos. Su impacto radica en observar la forma en que alguien procede en determinada situación, especialmente cuando este proceder rompe con los parámetros culturalmente aceptados. Cuando Jesús lava los pies de sus discípulos, actúa de manera deliberada para enseñar una lección. Por lo general, sin embargo, el ejemplo depende de situaciones que no han sido ni preparadas ni ensayadas. Estas se producen de manera espontánea en el transcurso de cada día. En el caso del Hijo de Dios, surgen como resultado de su compromiso con vivir completamente rendido a los valores del reino.

Jesús ilustra el poder del ejemplo mediante una sencilla analogía: «Ustedes son la sal de la tierra. Pero ¿para qué sirve la sal si ha perdido su sabor? ¿Pueden lograr que vuelva a ser salada? La descartarán y la pisotearán como algo que no tiene ningún valor» (Mateo 5:13). La sal le da sabor a la comida simplemente por estar presente. No «decide», cuando llega a la comida, hacerse salada para pasarle ese beneficio a los alimentos. Por ser sal, no puede hacer otra cosa más que salar. Por eso el Señor señala lo grave que es que la sal haya perdido su sabor. No lo puede recuperar, porque es la esencia de su identidad. De hecho, la sal que ha perdido su sabor ya no es sal, sino un simple mineral.

> Los Evangelios son el relato de una vida, no de un programa.

Jesús anima, de la misma manera, a los Doce: «Dejen que sus buenas acciones brillen a la vista de todos, para que todos alaben a su Padre celestial» (Mateo 5:16). Las buenas obras que impactan a los demás no son el resultado de acciones cuidadosamente planificadas, sino la manifestación de una forma de vivir.

Muéstrame

Pablo y Silas proveen un excelente ejemplo de esta dinámica en la cárcel. Una turba reacciona con violencia al mensaje que comparten y los arrastran ante las autoridades de la ciudad. Los funcionarios, luego de azotarlos, ordenan que los echen en el calabozo. Doloridos, hambrientos y desamparados, «hacia la medianoche, Pablo y Silas [están] en oración y [cantan] alabanzas a Dios. Los demás prisioneros [quedan] asombrados» (Hechos 16:25, BEM).

Las buenas obras que impactan a los demás no son el resultado de acciones cuidadosamente planificadas, sino la manifestación de una forma de vivir.

En nuestro contexto eclesial, Pablo y Silas se hubieran propuesto «organizar una reunión de alabanza» para impactar a los demás. La verdad, sin embargo, es que estos varones simplemente reaccionan conforme a las palabras que el mismo Cristo dejó:

> Considérense bendecidos cada vez que la gente los menosprecie o los expulse o diga mentiras sobre ustedes para desacreditarme, pues eso indica que la verdad está demasiado cerca de ellos y los molesta. Pueden alegrarse cuando eso ocurra, ¡incluso aplaudir!, pues, aunque a ellos no les guste, *a mí sí.*
>
> MATEO 5:11-12, BEM

Los testigos de su forma de vivir han sido impactados sin que ellos se lo hayan propuesto.

En el reino, ser ejemplo no es una estrategia para impactar a otros. No es algo que construyamos de manera deliberada pensando en los de nuestro alrededor. Es posible que, ocasionalmente, modifiquemos nuestro proceder porque recordamos que esta es una parte esencial de nuestra vocación. Ser modelo, sin embargo, es la manifestación *visible* de una forma de vivir gestada en los lugares *escondidos* de la vida. Por esto, el Señor puso el énfasis sobre el ser y no sobre el hacer.

Esta misma orientación es la que respalda el llamado a honrar a quienes nos pastorean: «Consideren bien cómo viven, y tomen como ejemplo su fidelidad y su veracidad. Debe haber una coherencia en la manera de vivir de todos nosotros» (Hebreos 13:7-8, BEM). El autor no recalca las enseñanzas de los líderes (las cuales también son importantes), sino que llama a sus lectores a examinar, con cuidado, *la forma en la que viven*. Esto, claramente, no se limita a los momentos que comparten en una reunión, sino que abarca todos los aspectos de sus vidas cotidianas: la forma en que llevan adelante sus negocios, se conducen con sus vecinos, administran sus bienes, honran a sus familias o se manejan cuando están en la calle.

> Ser modelo es la manifestación *visible* de una forma de vivir gestada en los lugares *escondidos* de la vida.

Momento de quietud

En cierto sentido, todos somos ejemplo para los que están a nuestro alrededor, pero apenas unos pocos son modelos de vida. El talón de Aquiles en la comunidad de fe es que muchos «afirman conocer a Dios, pero sus acciones hablan más alto que sus palabras» (Tito 1:10-16, BEM). Por esto, el apóstol Pablo anima a su discípulo: «Sé tú mismo un ejemplo para ellos al hacer todo tipo de buenas acciones. Que todo lo que hagas refleje la integridad y la seriedad de tu enseñanza» (Tito 2:7).

En los últimos años, he sentido que el Espíritu también me desafía en esta dirección. Con tierna insistencia, me dice una y otra vez: «No enseñes solamente con palabras. Demuestra, con tu vida, la realidad de esta verdad cuando es practicada, porque mi pueblo necesita ver más y escuchar menos».

Cultivar una vida alineada con la verdad requiere mucho más esfuerzo y mayor perseverancia que preparar un estudio bíblico sobre un tema, pero es lo que marca la diferencia a la hora de influenciar a otros.

Considera las siguientes preguntas:

1. ¿A quiénes puedes reconocer como ejemplos en tu vida? ¿En qué áreas te han servido como ejemplos?

2. ¿Qué hubiera sucedido en tu vida espiritual si hubieras contado con más ejemplos como estos que imitar? ¿Cómo habría sido diferente?

3. ¿De qué manera puedes crear dinámicas para practicar más las verdades que ya conoces?

4. ¿Cómo puedes ser mejor ejemplo para las personas que comparten contigo la vida?

La actitud

En cierta ocasión, Simón, un fariseo, invita a Jesús a comer en su casa. Durante la comida, una mujer, de mala reputación, entra y comienza a besar los pies de Jesús mientras llora y lo unge con perfume. El fariseo no duda en arribar a una dramática conclusión acerca de lo que ve. Piensa, en lo secreto de su corazón: *No es posible que Jesús sea un profeta, pues una persona verdaderamente santa no dejaría nunca que una prostituta lo tocara.*

El compromiso con los demás se trabaja primeramente en el interior del corazón para que, luego, el amar no sea ni forzado ni fingido.

El Señor, como he señalado, discierne los pensamientos del corazón como si se hablaran en voz alta. Por esto, le hace a Simón una pregunta que, a primera vista, parece innecesaria: «¿Ves esta mujer?» (Lucas 7:44, NBLA). La indignación del fariseo radica precisamente en la presencia de esta «mujerzuela» (según él) en su casa. La verdad, sin embargo, es que Simón no ha visto a una mujer, sino a una pecadora. Al etiquetarla como tal, ya la ha condenado.

El incidente ilustra el peso que posee la actitud, la manera en la que miramos a otra persona en lo secreto del corazón. Nuestro comportamiento inevitablemente se alineará con nuestras posturas interiores. Si no hemos conseguido aceptar a esa persona en el corazón, no lograremos disfrazar, aun cuando adornemos nuestras lenguas con frases de halago, nuestra antipatía por ella. Es muy probable que ella perciba también nuestra animosidad, y esto se convertirá en un obstáculo para una mejor relación.

Nuestro comportamiento inevitablemente se alineará con nuestras posturas interiores.

Jesús contagia a sus discípulos por medio de su actitud tierna y compasiva hacia aquellos con los que se cruza. Una y otra vez, los descoloca con su amor escandalosamente generoso, copia fiel del corazón del Altísimo, quién «es bondadoso

[aun] con los que son desagradecidos y perversos» (Lucas 6:35). Cuánto más tiempo pasan con él, mejor entienden que los que están en el reino no deciden amar por lo que ven con sus ojos ni por lo que oyen con sus oídos[29]. Entienden que el compromiso con los demás se trabaja primeramente en el interior del corazón para que, luego, el amar no sea ni forzado ni fingido.

La compasión es la acción que mejor visibiliza esta actitud. Se refiere a una sensación de angustia experimentada en la profundidad de las entrañas, tal como la que describe el profeta: «Oh, Israel, ¿cómo podría abandonarte? ¿Cómo podría dejarte ir? ¿Cómo podría destruirte como a Adma o demolerte como a Zeboim? Mi corazón está desgarrado dentro de mí y mi compasión se desborda» (Oseas 11:8). El término hebreo que se traduce como compasión comparte la misma raíz que la palabra vientre, llevando a algunos teólogos a atribuir la compasión al lado maternal de Dios. Y el profeta Isaías no duda en usar la figura de una madre para ayudarnos a entender el profundo amor de Dios por nosotros: «Jerusalén dice: "El Señor me ha abandonado; el Señor me ha olvidado". ¡Jamás! ¿Puede una madre olvidar a su niño de pecho? ¿Puede no sentir amor por el niño al que dio a luz? Pero aun si eso fuera posible, yo no los olvidaría a ustedes» (Isaías 49:14-15).

El compromiso con los demás se trabaja primeramente en el interior del corazón para que, luego, el amar no sea ni forzado ni fingido.

29 Isaías 11:3.

Momento de quietud

Cuando contemplamos el corazón compasivo de nuestro buen Padre celestial, se despierta en nosotros una profunda gratitud por el regalo de la vida. Nos mueve a apropiarnos de la exclamación de Jeremías: «¡El fiel amor del SEÑOR nunca se acaba! Sus misericordias jamás terminan. Grande es su fidelidad; sus misericordias son nuevas cada mañana» (Lamentaciones 3:22-23).

Quisiera proponerte un ejercicio. Lee el siguiente texto de la Biblia *El Mensaje* como si fuera una carta de amor que te escribe el Padre. Cuando hayas terminado de saborear la riqueza de todo lo que expresa este texto, anímate a escribirle tu propia carta de amor al Señor. Exprésale tu gratitud y admiración por todo lo que ha hecho por nosotros.

> ¡Cuán bendito es Dios! ¡Y qué bendición es él! Es el Padre de nuestro Señor Jesucristo, el que nos lleva consigo a los benditos lugares celestiales. Mucho antes de poner los cimientos de la tierra, ya había pensado en nosotros, se había fijado en nosotros como centro de su amor, para que fuéramos completos y santos por ese mismo amor. Hace mucho, mucho tiempo, decidió adoptarnos por medio de Jesucristo. (¡Qué gozo sintió al planearlo!). Quiso que participáramos en la celebración de su generosa entrega de dones, de la mano de su Hijo amado.
>
> A causa del sacrificio del Mesías, de la sangre que derramó en el altar de la cruz, somos un pueblo libre, sin penas ni castigos por nuestras fechorías. Y no solo libres; sino ¡libres de manera *abundante*! Él pensó en todo, proveyó todo lo que pudiéramos necesitar, y nos hizo partícipes de los planes que se complacía en implementar. Dispuso todo delante de nosotros en Cristo, un plan a largo plazo en el que todo se reúne y se resume en él, todo en lo más profundo del cielo y todo en la tierra.
>
> Solo en Cristo descubrimos quiénes somos y para qué vivimos. Mucho antes de que oyéramos hablar de Cristo por primera vez y confiáramos, él ya nos estaba mirando, hizo planes para que tuviéramos una vida gloriosa, parte

del propósito general que está llevando a cabo en todo y en todos.

EFESIOS 1:3-12, BEM

La actitud es uno de los ingredientes que más afecta nuestra manera de cultivar relaciones con los demás, precisamente por el profundo impacto que tiene sobre nuestro comportamiento. Nuestros esfuerzos por disimular nuestra antipatía hacía algunos nunca darán resultado, porque la gente, con el tiempo, percibe la verdadera actitud de nuestros corazones. ¿Cómo resolver, entonces, aquellas relaciones interpersonales que nos resultan particularmente desafiantes? No podemos generar un cambio en nuestros corazones, pero sí podemos solicitar al Señor que haga una obra en ellos.

Un ejercicio que me ha resultado muy provechoso es poner en mi lista de prioridades el orar por personas a quienes me cuesta amar. Me resisto, sin embargo, a pedirle al Señor que las cambie, cosa que no sería más que una extensión de mi propio egoísmo. Más bien, le pido al Señor que me dé la capacidad de mirarlos con sus ojos y que me enseñe a amarlos como él los ama. Le ruego que les extienda la misma generosa bendición que anhelo para mi propia vida. Lo que he descubierto, con el paso del tiempo, es que el Señor comienza a cambiar mi propio corazón. Esto efectivamente remueve el primer obstáculo para poder amar bien a otros.

Considera estas dos preguntas:

1. ¿Por qué personas deberías estar orando más?

2. ¿Qué pasos puedes dar para que te acuerdes de orar todos los días por tu relación con ellas?

La valoración

El último capítulo del Evangelio de Juan nos ofrece una de las más bellas escenas de valoración en la Palabra. Unos días después de su resurrección, Jesús se aparece en Galilea, donde los discípulos pescan. Allí les prepara un desayuno, un gesto de tierna bondad hacia quienes le dieron, unos días antes, la espalda. También vuelve a encontrarse con Pedro, el discípulo que, a pesar de haber jurado que moriría con él, terminó por negarlo tres veces.

Después de comer, Jesús habla con él, ofreciéndole al compungido discípulo tres nuevas oportunidades para declarar su amor por Cristo. El discípulo no las desaprovecha, aunque ahora conoce bien las tremendas limitaciones que poseen sus palabras. El Señor, sin embargo, no duda en reiterar el llamado que le hizo cuando lo invitó a que caminaran juntos: «Cuida de mis ovejas» (Juan 21:16). Invita, de esta manera, a Pedro a seguirlo con el amor imperfecto que tiene, no con el amor perfecto con el que soñaba. A lo largo del camino, Pedro descubrirá lo que el Señor le reveló a Pablo: «Mi gracia es suficiente; es lo único que necesitas. Mi fortaleza produce su máximo rendimiento en tu debilidad" (2 Corintios 12:7-10, BEM).

> No podemos generar un cambio en nuestros corazones, pero sí podemos solicitar al Señor que haga una obra en ellos.

Detrás de este intercambio parece existir un claro mensaje de parte del Señor: «Pedro, no me equivoqué cuando te llamé. Entiendo tu desilusión. ¡Es duro descubrir nuestras limitaciones! Pero no me has decepcionado, porque yo conocía bien tu fragilidad mucho antes de que tú la descubrieras. Sigo creyendo que eres el hombre indicado para pastorear a mi pueblo».

Esta es la mejor descripción de lo que implica la valoración. Se refiere a la valentía de dar a otros un voto de confianza, aun cuando existan sobrados motivos para descartarlos. Es la capacidad de discernir el potencial que poseen, incluso cuando ellos aún no hayan descubierto sus propias aptitudes. Es animarse a apostar por una vida que todavía no muestra muchas señales de madurez. En medio de muchas situaciones en las que los discípulos no responden de la manera que él espera, Jesús vuelve una y otra vez a renovar su compromiso de seguir trabajando en sus vidas.

La valoración se refiere a la valentía de dar a otros un voto de confianza, aun cuando existan sobrados motivos para descartarlos.

La valoración se atreve a plantear desafíos, tal como sucede cuando Jesús los invita a que ellos le den de comer a la multitud hambrienta[30]. Lo mismo ocurre cuando los envía de dos en dos a predicar en las diferentes ciudades y aldeas de la región, preparando el camino para la llegada de él[31]. El delegar a sus discípulos responsabilidades para las que ellos no se sienten aún preparados es una forma de fortalecer su confianza.

Esta actitud de valoración es notoria con los tres discípulos con los que cultiva mayor intimidad: Pedro, Jacobo y Juan. Los incluye cuando entra a la casa de Jairo para orar por la hija que ya había fallecido[32]. No los necesita para orar por la muchacha, pero al incluirlos los hace partícipes de sus obras. Así también los invita a acompañarlo cuando sube al monte de la transfiguración[33]. Pero puede que la mayor expresión de valoración sea la que se produce en Getsemaní. Allí, Jesús abre su corazón, confesando que su «alma [está] muy afligida, hasta el punto de la muerte» (Mateo 26:38, NBLA), dándoles acceso a un momento de pura intimidad.

Siempre que sea posible, incluye a otros en tu andar. Así accedemos a una bendición, en comunidad, que nunca obtendremos por el camino de la independencia.

La actitud de valorar a los demás colabora para que comiencen a sentirse cómodos con la osada propuesta de ser socios del Señor

30 Mateo 14:13-21.
31 Lucas 10:1.
32 Lucas 8:51.
33 Lucas 9:28.

en los asuntos del reino. Expresa su pleno entusiasmo con esta posibilidad cuando declara: «El que cree en mí no solo hará lo que yo hago, sino cosas aun mayores, porque yo voy al Padre y les doy a ustedes la misma tarea que he venido haciendo. Pueden contar con ello» (Juan 14:11-14, BEM).

> La influencia fluye de las decisiones y de los compromisos que asumo cuando no hay cerca de mí nadie a quien pueda impresionar.

Señala, de esta manera, que, cuando él los mira, ve a ese grupo de osados valientes que seguirán extendiendo el reino e impactando vidas con los mismos dramáticos resultados que acompañan su propio ministerio.

Innecesario desperdicio

Hemos examinado, en los últimos dos capítulos, cinco medios por los que Jesús influencia las vidas de sus discípulos: el discurso, el diálogo, el ejemplo, la actitud y la valoración. Si consideramos la forma en la que solemos movernos dentro del marco de la iglesia, una de las grandes debilidades de la formación salta a la vista. Nuestra fuerte dependencia sobre el discurso, que limita a las personas al rol de oyentes pasivos, apenas emplea el 20 % de los recursos a nuestro alcance.

Cuando entendemos esto, podemos valorar mucho más los momentos informales de la vida, aquellos en los que se produce influencia sin que la programemos. Podemos romper nuestra dependencia exagerada en las reuniones para transitar por la vida de otra manera. Recordamos que, todo el tiempo, otros nos observan y sacan lecciones acerca de la clase de persona que somos y quién es el Dios que decimos amar. Queremos que vean a Cristo en nosotros. Siempre.

> Todo el tiempo, otros nos observan y sacan lecciones acerca de la clase de persona que somos y quién es el Dios que decimos amar.

Momento de quietud

Resulta llamativo meditar en el hecho de que Jesús no necesita, en realidad, ni la ayuda ni la compañía de sus discípulos. Puede bien llevar a cabo su llamado solo, echando mano de la obstinada independencia que tanto ambicionamos. Jesús, sin embargo, a la hora de evaluar si darle a otro participación o no, no emplea como parámetro si lo necesita o no, esa mirada egoísta que siempre nos empobrece. Más bien, Jesús evalúa si ellos necesitan ser incluidos aunque él no necesite su colaboración.

Siempre que sea posible, incluye a otros en tu andar: cónyuge, hijos, amigos, discípulos. Ellos se sentirán valorados, y tu disfrutarás de ver cómo florecen como personas. Además, cuando invitamos a otros a caminar con nosotros, hemos entendido que accedemos a una bendición, en comunidad, que nunca obtendremos por el camino de la independencia.

Te darás cuenta, por lo que hemos compartido en este capítulo, que el camino de la influencia no puede ser falsificado. Sospecho que muchos de los «influyentes» que existen en las redes sociales dejarían de serlo si tuviéramos la oportunidad de conocerlos en persona. La influencia se edifica sobre lo que hay en el corazón. No podemos engañar a los de nuestro alrededor al intentar mostrarnos como diferentes a lo que realmente somos, porque la vida se encarga de sacar a la luz nuestras incoherencias.

Entendemos, entonces, por qué Jesús advierte sobre el peligro de cultivar una vida espiritual que tiene como único objetivo impresionar a los demás. Emplea la palabra hipócrita para describir este comportamiento, un término que se refiere a un actor, alguien que asume en público un comportamiento diferente al que tiene cuando está solo. Describe, en Mateo 6, una forma de vivir completamente libre del deseo de cosechar los aplausos y el reconocimiento de los demás.

La influencia fluye de las decisiones y de los compromisos que asumo cuando no hay cerca de mí nadie a quien pueda impresionar. El espacio en el que menos podemos sorprender y deslumbrar es el hogar, ese lugar donde nos conocen tal cual somos. Puede, sin embargo, convertirse en el lugar de mayor crecimiento cuando entendemos que la forma en la que vivimos en casa es lo que más determina el impacto que tendremos sobre otros cuando estemos fuera de ella. Por eso, quisiera animarte a que comiences a prestar más atención a lo que Dios quiere hacer en tu vida cuando estás rodeado de los que mejor te conocen.

Señor, quiero aprovechar bien las relaciones con los que más cerca de mí están. Dame la sensibilidad para detectar actitudes, convicciones y hábitos que necesitan ser transformados por tu Espíritu. Quiero que le des a mi vida esa asombrosa coherencia, de manera que lo que otros oigan y vean sea un fiel reflejo de lo que verdaderamente soy. Elijo morir al insaciable deseo de impresionar a otros, el cual me conduce por el camino de la hipocresía. Sé tú mi Dios, todo el día, siempre. Amén.

ESCENAS DE CONTAGIO

Juan era parte de un grupo de líderes que supervisaban un importante número de congregaciones en Paraguay. Atravesaba un momento muy difícil en su matrimonio, luchando por salvar una situación en la que su esposa, varias veces, le había pedido la separación. Las peleas, las discusiones, los reproches y el enojo habían sido, por mucho tiempo, parte de una relación tensa y gastada a la que no le encontraban la vuelta.

Omar, el pastor al frente de este grupo, también sufría mucho en una relación matrimonial complicada. Todos habían visto, en reiteradas ocasiones, la actitud agresiva de su esposa hacia él. Ella no disfrazaba ni el desprecio que sentía por él ni el maltrato hacia su persona. Lo criticaba de manera incesante y, siempre que lo acompañaba, les sumaba tensión a los encuentros.

Juan, sin embargo, no recuerda una sola instancia en la que haya visto triste o abatido a Omar. Su presencia siempre sumaba alegría y esperanza a las reuniones. Juan no puede señalar una sola ocasión en la que Omar no haya sido tierno y compasivo con su esposa a pesar del continuo maltrato. «No podía entender cómo, ante tanto sufrimiento en el seno del hogar, Omar vivía con tanto gozo —me compartió—. En medio de los permanentes conflictos en mi propia casa —señaló—, el ejemplo de Omar me mostró que se pueden llevar adelante las dificultades en el matrimonio con una actitud enteramente diferente a la mía. La clave es vivir esas tensiones con un corazón transformado por el amor de Dios».

ESCENAS DE CONTAGIO

Don Augusto había sido, durante largos años, el pastor de una congregación en Buenos Aires. Lo amábamos porque tenía una profunda conexión con Dios. En muchas ocasiones, lo visité en su hogar, buscando su consejo y su orientación.

En la etapa final de su vida, este hombre que se había vuelto, con los años, manso y modesto, luchó con el mal de Parkinson. A medida que progresaba la enfermedad, se le hacía cada vez más difícil caminar. En ocasiones intentaba avanzar, pero el cuerpo no acompañaba sus esfuerzos y, por momentos, parecía quedarse atrapado en un lugar.

Un día, llegando a la reunión, se trabó en la puerta mientras intentaba entrar al salón. Carlos, un muchacho más joven, se acercó para tratar de ayudarlo. Cuando Augusto lo vio, le dijo: «Aquí llego a la reunión, con mi amiguito Parkinson que no quiere entrar conmigo», y soltó una risa.

«Fue una de las más maravillosas lecciones que me regaló el Señor —me dijo Carlos— acerca de cómo sufrir con gracia. Nunca, en todos esos años, vi a don Augusto abatido o triste».

ESCENAS DE CONTAGIO

Durante muchos años trabajé como director editorial de la revista *Apuntes Pastorales*, una publicación que distribuíamos en todo América Latina. En una ocasión, sacamos un artículo sobre el sufrimiento, usando tres entrevistas que realizamos con personas que llevaban décadas sirviendo al Señor.

A mí me tocó entrevistar a Keith Bentson, un misionero que había trabajado durante largos años en Argentina. Entre otras cosas, me habló, en el encuentro que tuvimos, sobre el sufrimiento que llega a manos de compañeros en la obra, esas traiciones que son las que más desafían nuestra capacidad de perdonar. Habían pasado muchos años desde un incidente particularmente difícil para él, en el cual se había enfrentado a una acusación que, con el tiempo, resultó ser falsa.

Cuando la entrevista llegó a su fin, Keith me invitó a acompañarlo en una oración. Volvió a orar por los hombres que tanto daño le habían hecho. Mientras las lágrimas corrían por sus mejillas, le preguntó al Señor: «¿Será que aún guardo algún rencor hacia ellos, que no los he perdonado completamente? Examina mi corazón, oh Dios, y saca a la luz todo lo que ofende tu nombre y a tu pueblo».

¡Aquella oración valió más que cien entrevistas! Con su actitud de sincera súplica, Keith me enseñó más acerca del perdón de lo que he aprendido en muchos libros. Me mostró que no alcanza con decir las palabras «te perdono». Nuestros corazones deben estar limpios de toda amargura, rencor y enojo. Su ejemplo me ayudó a entender uno de los secretos de una vida que impactó profundamente a miles y miles de personas.

ESCENAS DE CONTAGIO

Es común, en los encuentros de la iglesia en nuestro continente, sentar a los pastores y a los líderes en la fila del frente. La explicación que solemos escuchar es que esta es una forma de honrar las vidas de quienes sirven al pueblo de Dios, y facilita las cosas al momento en que deben subir a la plataforma. Recuerdo, sin embargo, una notable excepción a esta práctica.

Yo asistía, junto con otros miles de jóvenes, a una importante conferencia. El orador principal era un conferencista internacional, pastor de una de las congregaciones más grandes del continente, un hombre con varios libros publicados. Durante el tiempo de adoración, miré hacia la primera fila y vi que él no estaba entre los líderes del encuentro. Comencé a recorrer con la vista el enorme salón, y lo encontré: estaba entremezclado con las personas sentadas al fondo, adorando con las manos levantadas al cielo.

Su actitud me impactó porque nunca me había cruzado con un líder que prefiriera ser «uno más en la multitud». Su ejemplo me hizo pensar en las palabras de advertencia de Jesús a los Doce: a los fariseos «les encanta sentarse en la mesa principal de las cenas en la iglesia, ocupar los puestos más destacados, presumir bajo el esplendor de la adulación pública, recibir títulos honoríficos y que los llamen "Doctor" y "Reverendo"» (Mateo 23:4-7, BEM). En mi corazón, susurré una oración: «Señor, quiero ser más como este hombre».

Su ejemplo afianzó en mí la convicción de que sí se puede transitar por un camino diferente al que recorren las personas, ávidas de reconocimiento, en una cultura caída. Aferrado a las instrucciones de Cristo en Mateo 23, no he permitido nunca que mis estudiantes se dirijan a mí como Dr. Shaw. Los he animado, en cambio, a que simplemente usen mi nombre, como lo hacen con cualquier otra persona.

Durante varios años, participé en un programa de capacitación de misioneros en Brasil, viviendo por una semana en comunidad con los estudiantes. Todos los años, a la hora de comer, el grupo intentaba preparar una mesa separada para el profesor. Todos los años, yo insistía en que me dejaran hacer la fila, como todos los estudiantes, para que me sirvieran la comida, y buscaba sentarme en las mismas mesas que ellos.

Después del almuerzo, cuando ellos realizaban las tareas de limpieza que se les asignaban, me ponía la ropa de trabajo y los acompañaba, trabajando en lo que fuera necesario aunque este era el momento de descanso para el profesor. Intentaba, de esta manera, señalar que un maestro no está por encima de sus alumnos. Todos transitamos el mismo camino juntos, y solo Uno es nuestro Señor. Él es el único que merece nuestra honra.

Más de un estudiante me compartió el impacto que tuvo en ellos esta forma de actuar: «De todos los profesores que nos visitaron, tú fuiste el único que nos ayudó cuando hacíamos nuestras tareas de cada día».

CAPÍTULO 8

NO TODO ES COLOR DE ROSA

Cuando pensamos en el discipulado, solemos imaginar una experiencia cómoda y agradable: un estudio relajado, entre amigos, de los temas más comunes de la vida espiritual. Esto propone una infinidad de proyectos que, en la mayoría de los casos, han sustituido las desprolijas e impredecibles dinámicas típicas de una relación por el contenido ordenado y prolijo de un curso. Esperamos que el mayor conocimiento bíblico que ofrece tal experiencia resulte en el crecimiento espiritual para cada uno de los participantes.

Podemos hacer muchas observaciones sobre la vivencia de los discípulos con Jesús, pero de ninguna manera la podemos describir como ordenada y prolija. Ellos también están inmersos en el misterio que, según hemos observado, acompaña la transformación. No todo resulta como esperan. Gran parte del tiempo, no son conscientes de que se produce ese maravilloso proceso que llamamos vida por contagio. Mientras caminan con él, sus expectativas de cómo deben ser las cosas chocan con la forma de ser, inusual e impredecible, de Jesús. La propuesta, sencilla pero desafiante, es mantenerse cerca de él en las variadas e imprevistas experiencias que son parte de su andar diario por Israel.

En esto, los discípulos nos ofrecen un inspirador ejemplo de compromiso que podemos imitar. En medio de muchas situaciones que se prestan para la confusión, el desconcierto y la incomodidad, ellos nunca dejan de acompañar a Jesús en su recorrido por los pueblos y las ciudades de Israel. No consideran que entenderlo todo sea una condición para estar con él, aunque ocasionalmente sí se enredan buscando explicaciones para lo inexplicable.

En este capítulo, queremos descifrar cómo viven ellos la relación con esta figura que, de a ratos, resulta enigmática. Intentaremos ponernos en sus zapatos para sentir, desde su lugar, la experiencia de ser formados por el Maestro. Su experiencia nos servirá para identificar los particulares desafíos a los que nosotros deberemos hacer frente cuando respondamos a la invitación de ser discípulos de Jesús.

Admiración... y algo más

Una de las reacciones más frecuentes de la gente frente a la persona de Jesús es el asombro. El elemento distintivo de esta percepción es la sorpresa, la sensación de estar frente a alguien completamente distinto a lo que, hasta este momento, se ha conocido. Cuando termina el Sermón del Monte, por ejemplo, «las multitudes [quedan] asombradas de su enseñanza» (Mateo 7:28). Del mismo modo responden los discípulos cuando Jesús calma la tormenta con una sola palabra: «¿Quién es este hombre? —se [preguntan] unos a otros—. ¡Hasta el viento y las olas lo obedecen!» (Mateo 8:27).

A lo largo del camino, comienzan a descubrir que el poder de Jesús actúa también en sus vidas. Esto también los asombra, tal como expresan cuando regresan de una de las misiones que se les ha confiado:

> Los setenta volvieron triunfantes.
> —¡Señor, hasta los demonios se movieron al compás que marcabas!
>
> LUCAS 10:17, BEM

En otras ocasiones, sin embargo, esta sensación se ve opacada por el temor, esa aprensión que indefectiblemente sentimos frente a lo nuevo. Cuando Jesús sana a un paralítico, por ejemplo, Lucas señala que «el asombro se [apodera] de todos, y [quedan] pasmados» (5:26). De la misma manera, cuando suben «rumbo a Jerusalén, y Jesús [camina] delante de ellos, los discípulos [están] llenos de asombro y la gente que los [sigue], abrumada de temor» (Marcos 10:32).

En el momento que Jesús llega caminando sobre el agua, el terror se apodera de los discípulos. Cuando él se sube a la barca, «el viento se [detiene]. Ellos [están] totalmente asombrados porque todavía no [entienden] el significado del milagro de los panes»; Marcos añade un revelador comentario: tienen «el corazón demasiado endurecido para comprenderlo» (6:51-52). El problema es que los discípulos no terminan de entender a Jesús. Cuando se encuentran en una feroz tormenta, por ejemplo, él duerme en la popa. «Los discípulos lo [despiertan]: "¡Maestro! ¿No te importa que nos ahoguemos?"», le gritan (Marcos 4:38). En medio del pánico generalizado del grupo, el Jesús que duerme resulta ofensivo.

Esta aparente falta de juicio preocupa también a la misma familia de Jesús. En cierta ocasión, cuando las exigencias incesantes de la multitud lo han dejado sin tiempo para siquiera comer, sus parientes quieren intervenir para salvarlo de sí mismo. A modo de disculpas, le explican a la gente: «Está fuera de sí» (Marcos 3:21).

En otras ocasiones, el espanto se apodera de los Doce, tal como sucede cuando Jesús llega a ellos caminando sobre el agua. Tan insólito resulta verlo en este ámbito que echan mano de una absurda explicación: «¡Es un fantasma!» (Mateo 14:26). Más adelante, los dos que caminan hacia Emaús, una vez que Jesús ha resucitado, están tan profundamente atribulados por el desánimo y la tristeza que cuando «Jesús se les [acerca] y se [pone] a caminar con ellos, [...] no [pueden] reconocer quién [es]» (Lucas 24:13-16, BEM).

Estas reacciones nos presentan un llamativo contraste con nuestra propia experiencia de caminar con Jesús. Nosotros nos sentimos muy cómodos con él. Estamos convencidos de que lo entendemos muy bien. De hecho, nos sorprende que, en muchas cuestiones, él y nosotros pensemos de la misma manera.

¿Qué quiso decir?

La confusión acerca de la persona de Jesús no se limita a la forma en la que se mueve. Sus declaraciones generan, muchas veces, más preguntas que respuestas. Aun de niño, Jesús dice cosas que no son fáciles de entender, como cuando se queda atrás en el templo y sus padres emprenden una desesperada búsqueda para encontrarlo. Cuando finalmente lo ubican, no pueden evitar un reproche por la desconsideración que les ha mostrado. «¿Pero por qué tuvieron que buscarme? —les [pregunta]—. ¿No sabían que tengo que estar en la casa de mi Padre?» (Lucas 2:49). El autor del Evangelio aclara que los padres «no [entienden] lo que les [quiere] decir» (2:50).

En numerosas situaciones, los discípulos experimentan esta misma confusión. Cuando, por ejemplo, él anuncia que debe morir a manos de los religiosos, Lucas señala que «ellos no [entienden], no le [encuentran] ningún sentido a lo que les [dice]» (18:31-34, BEM). Marcos también indica que, por miedo, no se animan a preguntarle[34]. Del mismo modo, cuando Jesús advierte que deben cuidarse de la levadura de los fariseos, se ponen a discutir entre ellos porque han olvidado traer pan para el viaje[35]. Cuando Jesús empieza a enseñar por medio de parábolas, deben pedirle

[34] Marcos 9:32.
[35] Marcos 8:16.

explicaciones para entenderlas[36]. Lo mismo sucede con la analogía del pastor y sus ovejas: «Los que [oyen] a Jesús usar este ejemplo —señala Juan— no [entienden] lo que [quiere] decir» (Juan 10:6).

En ocasiones, la enseñanza de Jesús despierta reacciones más extremas. En Nazaret, cuando alude a la dureza de corazón en los asistentes, la admiración que ellos sintieron al principio se evapora en un instante. Con sus palabras, Jesús ha dejado «a todos los que [están] en la sinagoga ardiendo de rabia. Entonces lo [echan], lo [expulsan] del pueblo y luego lo [llevan] a un precipicio a la salida del pueblo para lanzarlo y matarlo» (Lucas 4:28-30, BEM).

Los más cercanos a Jesús no son ajenos a esta clase de reacción. Juan nos dice que cuando algunos escuchan que él los invita a comer de su carne y beber de su sangre, exclaman: «Dura es esta declaración; ¿quién puede escucharla?» (Juan 6:60, NBLA). A partir de ese momento, «muchos de sus discípulos se [marchan]. Ya no [quieren] estar vinculados con él» (Juan 6:66-67, BEM).

> **Las declaraciones de Jesús generan, muchas veces, más preguntas que respuestas.**

La reacción de Jesús ante la pérdida de seguidores nos sorprende. Lejos de preocuparse, considera que esta es una buena oportunidad para exigir definiciones por parte de los Doce. Por esto, se da vuelta y les pregunta: «¿Ustedes también van a marcharse?» (Juan 6:67). Pedro, según su costumbre, responde por el grupo: «Maestro, ¿a quién iremos? Tú tienes palabras de vida real, de vida eterna. Ya nos hemos comprometido, seguros de que tú eres el Santo de Dios» (Juan 6:68-69, BEM).

---

[36] Marcos 4:10.

Momento de quietud

Esta exploración inicial de la experiencia de los discípulos nos obliga a detenernos por un instante. Comenzamos a sospechar que quizás nuestra relación confiada y cómoda con Jesús requiera alguna revisión. Te invito a que me acompañes en este proceso, reflexionando sobre estas preguntas:

1. ¿Por qué crees que los discípulos reaccionan seguido con incomodidad frente a la persona de Jesús?

2. ¿Qué ventajas crees que poseemos nosotros que hemos logrado desterrar de nuestra experiencia al Jesús que nos desorienta?

3. ¿De qué manera podría afectar nuestra relación con el Señor el atravesar, mientras caminamos con él, momentos de desconcierto e incomodidad?

¡Esto no es amor!

Las personas que acompañan a Jesús, entusiasmadas por las obras que hace, no ven con buenos ojos a los cuestionables personajes con los que, muchas veces, elige asociarse. La palabra que escogen los evangelistas para describir la reacción de la gente es *escándalo*. El término se refiere a la trampa o al lazo que se utiliza para atrapar animales. Indican, de esta manera, que los vínculos del Señor con otros se convierten en un elemento de tropiezo que despierta, en algunos, la indignación moral.

Los fariseos, exasperados por una cena que comparte Jesús con cobradores de impuestos y otros pecadores de mala fama, preguntan a los discípulos: «¿Por qué su maestro come con semejante escoria?"» (Mateo 9:11). Cuando Simón el fariseo ve que una prostituta le besa los pies a Jesús, le cuesta disimular su desencanto[37]. Llegando Jesús a Jericó, un mendigo ciego, Bartimeo, grita pidiéndole misericordia. La multitud que lo acompaña lo reprende, ordenando que se calle[38]. Entrando a la ciudad, Jesús escoge parar en la casa de Zaqueo, un despreciable cobrador de impuestos. En seguida, la multitud ventila su desaprobación: «¿Por qué se tiene que acercar a ese sinvergüenza?» (Lucas 19:5-7, BEM).

Los discípulos tampoco son ajenos a estas sensaciones de incomodidad. Cuando llegan a un pozo en Samaria, se sorprenden de que Jesús hable con una mujer, «pero ninguno se [atreve] a preguntarle: "¿Qué quieres de ella?" o "¿Por qué le hablas?"» (Juan 4:27). Y cuando unos padres intentan acercar a sus niños a Jesús para que los bendiga, «los discípulos [regañan] a los padres por molestarlo» (Marcos 10:13).

El Señor mismo señala, una y otra vez, que el amor del Padre escandaliza, pues escoge ser bueno aun hacia «los ingratos y perversos» (Lucas 6:35, NBLA). En la parábola del hombre asaltado

---

37 Lucas 7:39.
38 Marcos 10:48.

por ladrones, el inesperado héroe que lo rescata es un samaritano, una figura profundamente despreciable entre los judíos[39]. En la parábola del hijo perdido, el hermano mayor reacciona con intensa indignación cuando se entera del generoso gesto del padre hacia el menor[40]. En la parábola de los obreros de la viña, los que han trabajado desde la mañana protestan, airados, cuando el dueño de la finca elige pagarle el mismo salario a los que han trabajado apenas una hora[41].

¿Qué hace?

Los seguidores de Jesús también experimentan cierta confusión con las decisiones que toma. Luego de una intensa noche de ministerio, por ejemplo, los discípulos descubren, al despertar, que él ya no está con ellos[42]. Lo descubren en un lugar apartado y le dicen: «Todos te están buscando» (Marcos 1:37). Seguramente sienten que debe aprovechar la apertura que han observado en la ciudad. Jesús, sin embargo, los sorprende: «Debemos seguir adelante e ir a otras ciudades, y en ellas también predicaré porque para eso he venido» (1:38).

El ejemplo de mayor desconcierto sucede cuando Jesús decide lavarles los pies, una tarea reservada para el criado de la casa. Pedro expresa la confusión y la incomodidad del grupo cuando le pregunta: «Señor, ¿tú me vas a lavar los pies a mí?» (Juan 13:6). Jesús, siempre paciente y amoroso, le explica que no entiende lo que hace en ese momento, pero con el paso del tiempo comprenderá todo[43]. Esta aclaración no convence a Pedro, sin embargo, y responde de manera categórica: «¡Jamás me lavarás los pies!» (13:8). Expone, de esta manera, nuestra férrea resistencia a ceder frente a aquello que es radicalmente diferente a lo que consideramos normal.

[39] Lucas 10:30-37.
[40] Lucas 15:11-31.
[41] Mateo 20:1-16.
[42] Marcos 1:35-36.
[43] Juan 13:7.

Absurdos pedidos

En ciertas ocasiones, las instrucciones de Jesús también parecen disparatadas. La primera vez que se cruza con Pedro, él lava las redes con las que ha trabajado largas horas. «Ve hacia aguas profundas y echa tus redes para pescar», le dice Jesús (Lucas 5:4, BEM). La reacción instintiva de un hombre cuyo oficio es la pesca es protestar: «Maestro, ya estuvimos toda la noche intentando pescar y no atrapamos ni un pececillo; pero si tú lo dices, echaré las redes» (5:5-7, BEM).

Esta desconfianza no desaparece a pesar de las reiteradas demostraciones que reciben los discípulos de la autoridad de Jesús.

Cuando lo animan a que despida a la multitud porque no tienen qué comer, Jesús los descoloca: «Eso no es necesario; denles ustedes de comer» (Mateo 14:16). Los discípulos reaccionan con incredulidad: «¡Pero lo único que tenemos son cinco panes y dos pescados!» (14:17).

Cuando llega la noticia de que Lázaro ha muerto, Jesús decide viajar a la casa de Marta y María. Los Doce, sin embargo, se oponen: «Rabí, hace solo unos días, la gente de Judea trató de apedrearte. ¿Irás allí de nuevo?» (Juan 11:8). Claramente dudan de la sabiduría del Señor en esta decisión. De la misma manera reacciona Marta cuando el Señor, que ha llegado hasta el lugar de sepultura, ordena que quiten la piedra. «Señor, hace cuatro días que murió —protesta ella—. Debe haber un olor espantoso» (Juan 11:39).

Pedro, el mismo que ha confesado que Jesús es el Hijo de Dios, rehúsa aceptar las palabras que el Señor habla a todo el grupo: «Esta noche, todos ustedes me abandonarán porque las Escrituras dicen: "Dios golpeará al Pastor, y las ovejas del rebaño se dispersarán"» (Mateo 26:31). Pedro inmediatamente se queja: «Aunque todos te abandonen, yo jamás te abandonaré» (26:33). El Señor, entonces, le suma revelación a las palabras que ha hablado: «Te digo la verdad, Pedro: esta misma noche, antes de que cante el gallo, negarás tres veces que me conoces» (26:34). El discípulo, sin embargo, siente que Jesús no conoce verdaderamente su corazón y, por esto, redobla la apuesta: «Aunque tenga que morir contigo, ¡jamás te negaré!» (26:35).

Caminos enfrentados

La experiencia de los discípulos con Jesús expone el verdadero significado de la declaración del profeta: «Mis pensamientos no se parecen en nada a sus pensamientos—dice el Señor—. Y mis caminos están muy por encima de lo que pudieran imaginarse, pues así como los cielos están más altos que la tierra, así mis caminos están más altos que sus caminos y mis pensamientos, más altos que sus pensamientos» (Isaías 55:8-9). No existe un punto de encuentro entre nuestra forma de hacer las cosas y la manera en la que el Señor actúa. Y el desenlace natural de esta realidad es la incomodidad, pues las reglas y los valores que tan bien nos sirven en nuestra propia cultura no funcionan en la cultura del reino.

> No existe un punto de encuentro entre nuestra forma de hacer las cosas y la manera en la que el Señor actúa.

Para entender mejor el desconcierto, el miedo y la incomodidad de los discípulos, resulta provechoso reflexionar sobre experiencias similares en nuestras propias vidas. Si alguna vez has tenido la oportunidad de visitar un país muy diferente al tuyo, conocerás bien la sensación de inseguridad que sentimos al encontrarnos en una cultura desconocida. Hasta las acciones más sencillas requieren de esfuerzo y concentración porque aún no hemos entendido cuáles son las reglas de juego que gobiernan las interacciones entre personas.

Jesús personifica para nosotros los valores y los principios que gobiernan la vida en el reino del cielo. Este espacio no es una versión ni modificada ni mejorada de nuestra propia cultura. Es, más bien, un ámbito en el que la vida se mueve en la dirección opuesta a lo que acostumbramos ver a diario, literalmente un reino «al revés». Por esta razón, choca de continuo con nuestras ideas de lo que es correcto o apropiado.

Esta falta de entendimiento acerca de la persona de Jesús es la razón por la que las propuestas de los discípulos rara vez coinciden con lo que él quiere hacer. Todos, incluyendo sus propios hermanos, ofrecen sugerencias acerca de la mejor forma de llevar adelante su ministerio. «¡Sal de aquí y vete a Judea —le dicen—, donde tus seguidores puedan ver tus milagros! ¡No puedes hacerte famoso si te escondes así!» (Juan 7:3-4). Juan, sin embargo, aclara que esta desafortunada sugerencia se debe a que «ni siquiera sus hermanos [creen] en él» (7:5).

Los Doce tampoco entienden bien los valores del reino. Al cruzarse con alguien que echa demonios en el nombre de Jesús, por ejemplo, ellos, con el celo típico de los seguidores de una figura popular, intentan frenarlo porque no pertenece al grupo[44]. Jesús, sin embargo, los anima a que cultiven una perspectiva más generosa hacia los demás, indicando que la obra de Dios es mucho más amplia de lo que ellos perciben.

> Vuelvo, una y otra vez, a tratar de entender por qué el Jesús que conocemos en la iglesia no produce en nosotros estas mismas sensaciones de desorientación.

En otra ocasión, Jesús los envía a prepararle alojamiento en una aldea samaritana, pero los habitantes de la zona no quieren recibirlo. Cuando los discípulos regresan para informar a Jesús, solicitan su aprobación para un descabellado pedido: «Señor, ¿quieres que hagamos bajar fuego del cielo para que los consuma?» (Lucas 9:54). El Señor, sin embargo, los reprende: «Ustedes no saben de qué espíritu son, porque el Hijo del Hombre no ha venido para destruir las almas de los hombres, sino para salvarlas» (9:55-56, NBLA).

---

44 Marcos 9:38.

Cuando Pedro y sus dos compañeros suben al monte, ven a Cristo transfigurarse delante de ellos, de modo que «su ropa se [vuelve] blanca resplandeciente, más de lo que cualquier blanqueador terrenal jamás podría lograr» (Marcos 9:3). Asustado por lo que sucede, Pedro exclama: «Rabí, ¡es maravilloso que estemos aquí! Hagamos tres enramadas como recordatorios: una para ti, una para Moisés y la otra para Elías» (9:5). A modo de explicación, Marcos suma este comentario: Pedro «realmente no [sabe] qué otra cosa decir, pues todos [están] aterrados» (9:6). La sugerencia de Pedro, lejos de ser una inteligente propuesta, es simplemente lo primero que se le cruza por la cabeza.

Esta impulsividad le vuelve a jugar una mala pasada cuando arrestan a Jesús. «En ese momento, Simón Pedro, que [lleva] una espada, la [desenvaina] e [hiere] al criado del sumo sacerdote, cortándole la oreja derecha» (Juan 18:10, BEM). Seguramente actúa convencido de que Jesús verá con buenos ojos su anhelo por defenderlo. El Señor, sin embargo, lo censura: «Guarda tu espada. Los que usan la espada morirán a espada», y vuelve a enfatizar la importancia de vivir en sujeción: «¿Acaso no voy a beber de la copa de sufrimiento que me ha dado el Padre?» (Juan 18:11, BEM).

Momento de quietud

El ser parte de una cultura obsesionada con encontrarle una explicación a todo, para luego convertirlo en un método para alcanzar el éxito en la vida, convirtió el proceso de escribir este capítulo en una experiencia profundamente movilizadora para mí. No es esta la primera vez que percibo la incomodidad de los discípulos frente a la persona de Jesús. Al juntar tantas experiencias en un solo relato, sin embargo, no puedo eludir la conclusión de que el desconcierto, la confusión y la perplejidad acompañan la experiencia de los discípulos mucho más de lo que me gustaría. Vuelvo, una y otra vez, a tratar de entender por qué el Jesús que conocemos en la iglesia no produce en nosotros estas mismas sensaciones de desorientación.

Antes de acercarnos a una respuesta a esta inquietante pregunta, creo que resultará provechoso reflexionar en nuestra propia experiencia con aquello que nos incomoda o confunde. Es posible que al identificar las sensaciones y las respuestas que despiertan en nosotros podamos comenzar a acercarnos a entender por qué nuestra espiritualidad resulta tan cómodamente previsible.

Toma unos minutos para identificar una situación en la que te enfrentaste a un entorno muy diferente al tuyo. Puede que se trate de una familia con valores diferentes, una congregación con otras costumbres o una visita a alguna cultura distinta a la tuya. Luego, reflexiona sobre las siguientes preguntas:

1. ¿Qué sensaciones te produjo el estar en este espacio diferente al tuyo?

....

....

....

....

....

2. ¿Qué cosas revelaron acerca de tu persona la reacciones que tuviste frente a estas diferencias?

....

....

....

....

3. ¿De qué manera resolviste estas diferencias?

....

....

....

....

Ahora quisiera invitarte a que, juntos, cerremos la charla de este capítulo acercándonos, con absoluta sinceridad, al Señor.

Señor, queremos darte gracias porque cuando llegas para caminar entre nosotros, lo haces para dar a conocer el corazón del Padre. ¡Qué preciosos son los relatos de las aventuras que vive esa banda de discípulos que has escogido para que acompañen a Jesús durante tres años! Vemos que no siempre la pasaron bien. No podemos dejar de dar gracias por sus vidas, sin embargo, porque entendieron que la consigna no era entender, sino permanecer a tu lado. A pesar de los momentos de desconcierto, fueron fieles, y eso anhelamos también ser nosotros. No obstante, queremos abrirte nuestros corazones y decirte que nos da un poco de temor lo que no entendemos. Nos produce aún más aprensión aquello sobre lo que no ejercemos ningún control. Percibimos, sin embargo, que nos estás invitando a confiar en tu persona. No queremos ni condicionar tu obra ni limitar nuestra relación contigo. Por esto, Señor, volvemos a darte toda la libertad en nuestras vidas. Estamos dispuestos a sentirnos incómodos y confundidos si eso nos ayuda a caminar más cerca tuyo. Hágase tu voluntad en nosotros, porque te amamos. ¡Amén!

ESCENAS DE CONTAGIO

En un momento de intensa tristeza en el que me sentía abatido por las circunstancias que me tocaba atravesar, leía un libro sobre la formación espiritual. El autor (al igual que las propuestas de este libro) invitaba al lector a detenerse en distintos momentos para reflexionar sobre alguna pregunta.

En esta ocasión, proponía que el lector le preguntara al Señor: «¿Qué te gusta de mi vida?». El autor señalaba que la mayoría de nosotros no dudamos en afirmar que el Señor nos ama, pero nos cuesta más creer que al Señor le pueda gustar algo en nuestras vidas. La verdad es que el ejercicio me pareció una tontería en ese momento, pero aun así me detuve y le hice esa pregunta al Señor. Ni bien había terminado de expresarla, cuando sentí que él me respondía:

—Me gusta lo mucho que me amas.

Mi reacción fue instintiva.

—Pero... si ¡yo no te amo! —exclamé, pensando en las muchas formas en que le fallaba al Señor cada día.

Al igual que le sucedió a Pedro, las palabras del Señor me incomodaron profundamente. No obstante, despertaron en mí una inquietud. «El Señor no ve como nosotros vemos. Su mirada es más confiable que la mía, aunque no coincida para nada con mi propia perspectiva». A partir de ese momento, comencé a buscar la forma de disfrutar más mi relación con el Señor y a prestar menos atención a la lista de cosas que sentía que debía hacer para agradarlo.

ESCENAS DE CONTAGIO

Lucía, una mujer que perdió a su esposo en un accidente, lleva varios años luchando con su condición de viuda. Muy seguido se encuentra con su amiga Ester, que también es viuda. La conversación de Lucía invariablemente gira en torno al mismo tema, todo el sufrimiento y las dificultades que han llegado a su vida desde que perdió a su marido. No puede escaparse de la sensación de que Dios ha sido muy injusto con ella, pues ellos siempre demostraron un gran compromiso con las «cosas de la iglesia». El contraste con Ester, una mujer llena de vida y alegría, es marcado.

Un día, en uno de los tantos encuentros que han tenido, Ester interrumpió el extendido lamento de Lucía, la miró a los ojos y le dijo: «Amiga, no mires más para atrás. La vida está por delante, y es hora de que pases página». La exhortación molestó tanto a Lucía que se levantó y se fue, enojada por la aparente falta de sensibilidad de Ester.

Durante varias semanas, luchó con el resentimiento y el enojo. No podía sacar de su cabeza, sin embargo, aquellas palabras. Entre lágrimas, se dio cuenta de que el Señor le había hablado por medio de su amiga.

Una mañana, se arrodilló en su cocina y le dijo al Señor: «Perdona la amargura de mi corazón. Quiero que vuelvas a darle sentido a mi vida, que me levantes del duelo y pongas un cántico de alabanza en mi corazón». Sintió que un enorme peso se levantó de su corazón, y le dio gracias al Señor que Ester haya estado dispuesta a incomodarla con la palabra que necesitaba escuchar.

ESCENAS DE CONTAGIO

Al principio de su ministerio, Billy Graham y su equipo se dieron cuenta de que el escándalo podía descarrilar, en un instante, la obra de evangelización que llevaban a cabo con campañas masivas. Se encontraron para orar y trabajar el desafío, elaborando un pacto en el que acordaron cuatro compromisos.

1. Darle a una entidad independiente la administración de las ofrendas que llegaban al ministerio.
2. Nunca ser visto en público con otra mujer que no fuera su esposa o sus hijas.
3. Trabajar en unidad con la iglesia local, honrando a los pastores y líderes de cada región que visitaran.
4. Ofrecer reportes verídicos de la cantidad de personas que participaban en las campañas, evitando la tentación de exagerar o comparar su ministerio con el de otros evangelistas.

Estas cuatro convicciones, que muchos consideraron exageradas y legalistas, son las que permitieron que Billy Graham y su equipo mantuvieran, durante cinco décadas, un testimonio de intachable integridad. Incluso cuando Billy Graham recibió una invitación a la Casa Blanca para merendar con la esposa del presidente, se sintió obligado a consultar a su equipo y a su esposa para que le dieran permiso para participar en aquel encuentro. Demostró, con este compromiso a lo largo de los años, que los parámetros en el reino siempre son más estrictos que los que se siguen en el mundo.

CAPITULO 9

PUNTO DE INFLEXIÓN

Hemos visto cómo la relación de los discípulos con Jesús combina, en una sola experiencia, sensaciones encontradas. En muchas situaciones, sienten admiración y asombro, especialmente cuando ven fluir, una y otra vez, el poder de Dios a través de la vida de Jesús. Sin duda posee un enorme atractivo estar cerca del hombre a quienes enormes multitudes siguen. Los discípulos se encuentran, efectivamente, en el epicentro de una revolución que convulsiona a la sociedad judía.

Jesús, sin embargo, no deja de ser también para ellos una figura que, de a ratos, resulta indescifrable. En muchas ocasiones, su forma de moverse los deja perplejos y hasta atemorizados. En otras, su manera de actuar inclusive se sale tanto de los parámetros de la cultura del momento que roza lo ofensivo. Una y otra vez, los discípulos se sienten descolocados por una figura con la que no terminan de sentirse completamente a gusto.

Estas sensaciones encontradas ponen a prueba el compromiso de seguirlo con una actitud de sumisión y honra. Necesitan encontrar la forma de convivir con un Cristo que, a los ojos de ellos, es impredecible y poco convencional.

Algunos seguidores, como vimos en el capítulo anterior, decidieron dejar de seguirlo después de un tiempo, mostrando así que, para algunos, el margen de tolerancia frente a un Mesías excéntrico tiene sus límites. Esta decisión, radical y definitiva, es triste. No obstante, veremos en este capítulo algo que es muchísimo más preocupante: la decisión de sí seguir a Jesús pero a «nuestra manera».

¿Quién soy?

El Evangelio de Mateo nos presenta una de las escenas más reveladoras a la hora de trabajar el desafío de convivir con el Cristo que incomoda. Los discípulos llevan tres años con Jesús, y él considera que el momento se presta para una importante conversación. Los reúne y les pregunta: «¿Quién dice la gente que es el Hijo del hombre?» (Mateo 16:13, BEM).

Ellos relatan lo que han escuchado por la calle: «Algunos piensan que es Juan el Bautista, otros dicen que es Elías, otros Jeremías o alguno de los otros profetas» (16:14, BEM).

> Algo muchísimo más preocupante que no seguir a Jesús es la decisión de sí seguir a Jesús pero a «nuestra manera».

Al Señor, sin embargo, le interesa la percepción que los Doce tienen de él. «¿Y ustedes? ¿Quién dicen que soy?» (16:15, BEM).

Simón Pedro, que en muchas ocasiones ha sido el vocero del grupo, no duda en declarar: «Tú eres el Cristo, el Mesías, el Hijo del Dios viviente» (16:16, BEM).

Esta confesión entusiasma sobremanera al Señor. «¡Dios te bendiga, Simón, hijo de Jonás! —[exclama] Jesús—. Esa respuesta no la has sacado de los libros ni de los maestros. Mi Padre que está en el cielo, Dios mismo, te hizo partícipe de este secreto sobre quién soy en verdad» (16:17-18, BEM).

Se ha producido en Pedro un verdadero milagro, pues descifrar algún misterio del mundo espiritual es una acción de pura bondad por parte de Dios, la respuesta a la oración que él mismo nos anima a hacer: «Clama a mí y yo te responderé. Te diré cosas maravillosas y asombrosas que nunca podrías descifrar por tu cuenta» (Jeremías 33:2-3, BEM).

> Descifrar algún misterio del mundo espiritual es una acción de pura bondad por parte de Dios, la respuesta a la oración que él mismo nos anima a hacer.

La declaración de Pedro es fundamental para el camino que deben recorrer los discípulos. Por esto, Jesús le dice a Simón: «Y ahora te voy a decir quién eres *realmente*. Eres Pedro, una piedra. Esta es la piedra sobre la que edificaré mi iglesia, una iglesia tan llena de energía que ni siquiera las puertas del infierno podrán contra ella» (Mateo 16:17-18, BEM).

Las palabras de Jesús revelan que visualiza un pueblo que —con base en su convicción de que Jesús es el Cristo, el Hijo del Dios viviente— avanza con inusitada osadía a conquistar espacios que una iglesia tímida y dubitativa nunca se atrevería a despojar. Este espíritu de arrojo la lleva a invadir el mismo infierno. Allí, las huestes de maldad no lograrán mantener cerradas las puertas de esa fortaleza ante el avance arrasador de un pueblo victorioso en Cristo.

Sufrimiento final

El Señor claramente siente que los discípulos ahora se encuentran en óptimas condiciones para recibir mayor revelación. A partir de este momento, entonces, no se andará con rodeos. Empieza «a decir claramente a sus discípulos que [es] necesario que [vaya] a Jerusalén, y que [sufra] muchas cosas terribles a manos de los ancianos, de los principales sacerdotes y de los maestros de la ley religiosa» (Mateo 16:21). El injusto proceso que describe desembocará, a su tiempo, en un alarmante desenlace: la muerte.

No es difícil imaginar que esta revelación deje estupefactos a los discípulos. Jamás, ni en sus peores pesadillas, se han imaginado un final tan infame y vergonzoso. ¿Cómo no pensar que esta visión es errada? La respuesta de Pedro, por esto, es vehemente. Tomando aparte a Jesús, lo reprende: «¡No lo permita Dios, Señor! Eso nunca te acontecerá» (Mateo 16:22, NBLA).

El *Diccionario de la lengua española* define la palabra «reprender», que emplea Mateo, como la acción de «corregir, amonestar a alguien vituperando o desaprobando lo que ha dicho o hecho»[45]. Expone la lamentable contradicción que existe entre su confesión y esta actitud de censura y reprobación. ¿Cómo es que un simple hombre se siente habilitado para corregir a Aquel a quien acaba de confesar como el Hijo de Dios viviente?

¿Qué Mesías?

Sin duda, los discípulos se aferran a la misma expectativa de un Mesías que el pueblo de Israel, durante siglos, ha esperado con ansias. Muchos textos se refieren a su llegada, entre ellos Jeremías 23:5: «Pues se acerca la hora —dice el Señor—, cuando levantaré a un descendiente justo del linaje del rey David. Él será un rey que gobernará con sabiduría; hará lo justo y lo correcto por toda la tierra». Cada generación intenta imaginar qué características poseerá este gran rey que le devolverá a Israel la gloria de su mejor momento en la historia.

Inspirados por la idea de un salvador político, les resulta imposible no soñar, en este momento de la historia, con una heroica gesta de liberación que quiebre, de una vez por todas, el opresivo

[45] *Diccionario de la lengua española*, «reprender», accesado el 30 de noviembre del 2025, https://dle.rae.es/reprender?m=form.

yugo de los romanos. De hecho, Juan relata que la multitud, intoxicada por la popularidad de Jesús, intenta acelerar la llegada del reino. «¡Seguro que este es el profeta, el profeta de Dios aquí mismo en Galilea!», dicen; y «Jesús [ve] que, en su entusiasmo, [están] a punto de agarrarlo y hacerlo rey, así que se [escapa y vuelve] a subir la montaña para estar solo» (Juan 6:14-15, BEM).

Los discípulos se ven arrastrados por esta efervescencia popular. Entusiasmados por lo que consideran es solamente una cuestión de tiempo, Juan y Jacobo se le acercan con un pedido concreto: «Haz los arreglos para que nos otorguen los lugares de honor más altos en tu gloria, uno a tu derecha, el otro a tu izquierda» (Marcos 10:37, BEM). Jesús no duda en corregirlos: «No tienen idea de lo que están pidiendo» (10:38, BEM). No disciernen que el Padre ha trazado para la vida de Jesús un camino enteramente diferente al que concibe el folclore de las masas.

> Pedro intenta reformar al Mesías que tiene delante de él, para que se convierta en el cristo que él quiere seguir.

Ellos, sin embargo, no están dispuestos a abandonar tan fácilmente el sueño de un Mesías que reina sobre Israel. Aun golpeados por la convulsión que significa ver a Jesús crucificado, los discípulos siguen aferrados a la ilusión instalada en el corazón de todo el pueblo. En una de las últimas reuniones que disfrutan con él, resucitado, vuelven, con obstinada insistencia, a preguntar: «Señor, ¿ha llegado ya el tiempo de que liberes a Israel y restaures nuestro reino?» (Hechos 1:6).

Entendemos, entonces, la intensidad de la respuesta de Jesús ante la reprensión de Pedro: «¡Quítate de delante de Mí, Satanás! Me eres piedra de tropiezo; porque no estás pensando en las cosas de Dios, sino en las de los hombres» (Mateo 16:22-23, NBLA). Deja al descubierto el error del discípulo: su perspectiva de Dios es el producto de expectativas y proyecciones humanas. Ignora por completo la afirmación del profeta Isaías: «Mis pensamientos no son los pensamientos de ustedes, ni sus caminos son Mis caminos", declara el SEÑOR» (Isaías 55:8, NBLA).

Percibimos con mayor claridad por qué es necesario que Jesús invierta tanto esfuerzo en revelar el nombre del Padre. Sin este aporte, los discípulos edificarán su relación con él sobre un fundamento errado. Pero el problema principal no radica en este desafío, que puede ser corregido. El proceder de Pedro revela una complicación mucho más seria. Cuando él se toma la atribución de reprender a Jesús, revela cuánto se resiste a abandonar su imagen distorsionada del Cristo. De hecho, al igual que la multitud, Pedro intenta obligar a Jesús a adaptarse a lo que la gente exige de él. Lejos de descartar al mesías que se ha imaginado, Pedro intenta reformar al Mesías que tiene delante de él, para que se convierta en el cristo que él quiere seguir.

Momento de quietud

La forma en la que actúan los discípulos no me sorprende. He observado en mi vida —y en las vidas de incontables personas que he asistido a lo largo de cuatro décadas de ministerio— la forma en la que respondemos a aquello que nos incomoda en los demás. En el matrimonio, por ejemplo, es probable que, poco tiempo después de casarnos, descubramos que la persona con la que emprendimos esta aventura no es todo lo que esperábamos. Nos sorprende ver que, en algunos aspectos de su personalidad, la otra persona es desagradable y tiene formas de hacer las cosas que nos resultan chocantes.

Lo más sabio, ante este descubrimiento, sería examinar las expectativas con las que nos casamos y reconocer que algunas eran completamente fantasiosas. Merecen, por lo tanto, ser descartadas. Pero esto rara vez sucede. Al contrario, aferrados a nuestras expectativas, arribamos a la conclusión de que la falla radica en la persona con la que nos casamos. Decididos a resolver esta dificultad, nos embarcamos ahora en la frustrante tarea de tratar de cambiarla para que se adapte a nuestras expectativas. A pesar de la falta de éxito en este proceso, solemos ser reacios a reconocer que el problema radica en nuestras proyecciones de cómo debería ser nuestra pareja.

Esto no sucede solamente en el matrimonio. Emprendemos los mismos esfuerzos de reforma con hijos, padres, amigos, vecinos y compañeros de trabajo. Siempre que nos cruzamos con aspectos en la vida de otros que nos fastidian, intentamos presionar a la persona para que cambie y, así, asegurar otra vez nuestra comodidad.

Si manejamos de esta manera los desafíos que nos presentan nuestras relaciones interpersonales humanas, ¿cómo no hemos de incurrir en el mismo comportamiento cuando buscamos cultivar una relación con el Señor? Aquí, sin embargo, corremos con un ingrediente que le suma una enorme complicación a nuestra espiritualidad. El Señor, al no estar físicamente presente con nosotros, no puede censurar nuestros esfuerzos por adaptarlo a nuestro gusto. Caemos en el error de creer que su silencio es una señal de aprobación sobre nuestra perspectiva. Acabamos, de esta manera, con versiones de la persona de cristo que guardan poca similitud con el Jesús que vemos revelado en las páginas de los Evangelios.

Este dilema amerita que nos detengamos, por un momento, para tratar de discernir dónde estamos parados con este problema. Será necesario que nos asista el Espíritu para arribar a un diagnóstico acertado de nuestra verdadera condición espiritual. Te comparto algunas preguntas que pueden colaborar con este proceso.

1. ¿De qué formas has cedido ante la tentación de intentar cambiar a los de tu alrededor? ¿Puedes identificar a alguna persona con la que has insistido, una y otra vez, con la idea de cambiarla? ¿Qué resultados has cosechado como fruto de este esfuerzo?

2. ¿En qué cosas sientes que el Señor es difícil de entender? ¿Qué sensaciones te produce saber que sus pensamientos no son tus pensamientos?

3. ¿Qué clase de *Jesús* te gustaría seguir? ¿En qué se diferencia del Jesús que describe este libro?

No olvides conversar sobre tus reflexiones con el Señor.

Ser discípulo

Es en el contexto de esta crisis que Jesús, fiel a su estilo, aprovecha para dar a los Doce una de las más reveladoras definiciones acerca de lo que significa ser discípulo: «El que quiera venir conmigo, olvídese de sí mismo, tome su cruz y sígame. Yo soy el que manda, no ustedes. Es más, el que intente aferrarse a su vida, la perderá; pero el que esté dispuesto a perderla y hasta la pierda, la hallará» (Mateo 16:24-26, BEM).

Nuestras versiones de la persona de cristo guardan poca similitud con el Jesús que vemos revelado en las páginas de los Evangelios.

La Nueva Traducción Viviente nos ofrece esta versión del texto: «Si alguno de ustedes quiere ser mi seguidor, tiene que abandonar su propia manera de vivir, tomar su cruz y seguirme» (Mateo 16:24). Los ingredientes indispensables que hacen posible una relación de discípulo exigen que los Doce marchen en la dirección contraria a la propuesta popular del momento.

Olvidarse de uno mismo

El primer paso para seguir a Jesús es olvidarse de uno mismo, algo que representa un desafío mayúsculo en una cultura dedicada a satisfacer las permanentes demandas del «yo». En términos prácticos, esto significa que ellos no pueden seguir avanzando movidos por sus propios valores, sus preferencias personales ni sus intereses particulares. Esta forma de vivir es incompatible con los valores y las prioridades del reino, tal como descubren continuamente mientras caminan con el Señor. Será necesario, a cada paso, que hagan oídos sordos a las insistentes exigencias de sus propios corazones. Deberán empezar a entender que su incomodidad se debe, precisamente, a que se encuentran frente a una realidad

Los ingredientes indispensables que hacen posible una relación de discípulo exigen que los Doce marchen en la dirección contraria a la propuesta popular del momento.

que seriamente contradice su propia forma de ver la vida. Aferrarse a este reino que, día a día, se revela por medio de Jesús significará que tendrán que aprender a convivir, por un tiempo, con el desconcierto y la confusión.

Tomar la cruz

El segundo paso, el llamado a tomar la cruz, choca violentamente con las sensibilidades de los discípulos. La Biblia del Jubileo escoge la frase *tome su madero* para remarcar el mensaje implícito en la invitación de Cristo. Durante al menos quinientos años, la cruz se ha empleado como instrumento de ejecución. Los romanos, sin embargo, le han sumado el componente de humillación pública que sirve de severa advertencia a los que quebrantan el orden público. De esta manera los condenados, que deben cargar su propio madero, desfilan por las calles hacia el lugar donde serán ejecutados. A lo largo del camino, la gente los acompaña con insultos y burlas mientras les escupen y arrojan piedras.

Aferrarse a este reino que, día a día, se revela por medio de Jesús significará que tendrán que aprender a convivir, por un tiempo, con el desconcierto y la confusión.

Jesús indica así a los discípulos que la decisión de seguirlo los ubica, indefectiblemente, en un lugar de oprobio y de reprobación. No obstante, les asegura:

> Dios los bendice a ustedes cuando la gente les hace burla y los persigue y miente acerca de ustedes y dice toda clase de cosas malas en su contra porque son mis seguidores. ¡Alégrense! ¡Estén contentos, porque les espera una gran recompensa en el cielo! Y recuerden que a los antiguos profetas los persiguieron de la misma manera.
>
> MATEO 5:11-12

El aferrarse, de todo corazón, a esta realidad descoloca de continuo a los discípulos y se convierte en su mayor desafío.

Seguir a Jesús

Debemos notar que el tercer paso en el discipulado —seguir a Jesús— solamente es posible si se cumplen los primeros dos. Eugene Peterson escogió la frase «Yo soy el que manda, no ustedes» para que no queden dudas acerca de lo que implica la invitación a seguirlo. Otro decidirá el camino que recorrerán, los tiempos y las formas en que realizarán las tareas que se les asignen e, incluso, la manera en la que vivirán el día a día.

Los discípulos no se incorporan a un sistema en el que se impone la voluntad de la mayoría. Tampoco son invitados a debatir las instrucciones que reciben ni a evaluar lo acertado de las decisiones que toma Jesús. Su llamado es a seguirlo... sin importar lo incomprensible de sus decisiones ni lo poco convencional que es su estilo de vida.

La única forma de sobrellevar este desafío es imitando la misma sumisión radical que practica el Hijo de Dios que, según ha indicado, no hace absolutamente nada sin que su Padre así se lo muestre. Los discípulos deberán, en las palabras del apóstol Pablo, también convertirse en esclavos de la obediencia[46]. Es decir, serán parte de un pueblo que, frente a las muchas alternativas que parece ofrecer la vida, no tendrán más opción que seguir las instrucciones del Cristo.

Jesús 2.0

Ser discípulo claramente no se refiere a la experiencia placentera, predecible e, incluso, aburrida que solemos asociar con una relación

[46] Romanos 6:16, NBLA.

con Jesús. Caminar con él es escoger volver a morir todos los días, tal como señala el apóstol Pablo: «Renuncié a todas esas cosas inferiores para poder conocer a Cristo de manera personal, experimentar su poder de resurrección, participar en su sufrimiento e ir con él hasta la muerte misma» (Filipenses 3:10-11, BEM).

Para transitar por este camino, sin embargo, será necesario que enfrentemos nuestra irremediable inclinación por cambiar a Jesús para que sea más parecido a lo que a nosotros nos gusta... por elaborar una versión *domesticada* de Cristo que nos permita caminar con él sin padecer la incomodidad, el desconcierto o el temor que experimentan los discípulos.

Serán parte de un pueblo que, frente a las muchas alternativas que parece ofrecer la vida, no tendrán más opción que seguir las instrucciones del Cristo.

«¡Momento! —exclamas—. Gracias a Dios, ese no es mi problema».

Quisiera, sin embargo, ayudarte a identificar esta tendencia en nosotros, describiendo algunas de las formas en las que acomodamos nuestras vidas espirituales para que Jesús acabe adaptándose a nosotros, en lugar de nosotros adaptarnos a él. Considera algunos de estos puntos:

- Establecemos momentos en los que estaremos disponibles para él. Si él nos quiere hablar, lo debe hacer en el horario que hemos apartado para ese propósito, generalmente nuestro devocional (si es que aún pertenecemos a ese pequeño grupo que continúa con esta práctica) o alguna reunión de nuestra comunidad de fe.

  Creemos, además, que, si nos va a decir algo, lo debe hacer a través de la Palabra impresa, nuestras Biblias. Nos gustaría, incluso, que use el pasaje que nosotros hemos escogido leer.

  Ocasionalmente, le ofreceremos oportunidades especiales

para que nos hable, en un congreso o un retiro. Allí, pondremos toda nuestra atención y nuestro esfuerzo por escucharlo. Para ayudar el proceso, los organizadores llenarán el programa de reuniones formales en las que escucharemos muchas prédicas. Creemos tener suficiente claridad como para saber que nunca nos hablará mientras estamos sentados, charlando alrededor de una mesa o compartiendo juntos una caminata.

- Identificamos lugares en los que le permitimos moverse, generalmente en el edificio donde nos congregamos o en la intimidad de nuestro hogar. El resto del día, nos moveremos en ese espacio que, suponemos, no tiene ninguna conexión con él: el mundo que insistimos en llamar *secular*. No esperamos, de ninguna manera, que al Señor se le ocurra irrumpir en un espacio que claramente sirve para otros propósitos que no son espirituales.

  ¡Imagina, por un momento, cómo hubiera sido la relación de los Doce con el Señor si le hubieran impuesto estas restricciones! El contacto con Jesús se hubiera limitado a quince minutos por día o a un par de horas por semana. ¡Se hubieran perdido el 95 % de las experiencias que describen los Evangelios!

> Ser discípulo claramente no se refiere a la experiencia placentera, predecible e, incluso, aburrida que solemos asociar con una relación con Jesús.

- Elegimos cuáles son las personas que nos pueden ministrar, descartando que el Señor pueda usar a aquellos que no nos caen bien o cuyas ideas no coinciden con las nuestras. De esta manera, los que pertenecemos a expresiones de fe más conservadoras leemos libros y escuchamos prédicas de quienes creen lo que nosotros creemos. Los que nos sentimos más atraídos a expresiones de fe más carismáticas, por nuestra parte, no queremos perder tiempo relacionándonos con los conservadores, porque «ellos no entienden nada de las cosas del Espíritu».

- Escogemos la clase de experiencias que queremos tener. Nos anotamos en los cursos que a nosotros nos interesan, asistimos a las reuniones que a nosotros nos gustan y nos abrimos a vivir aquello que nosotros consideramos sano. Rechazamos —a veces de manera categórica— exponernos a estudios, encuentros o vivencias donde se abordan temas que nos incomodan o desconciertan. A modo de justificación, explicamos que aquello «no es de Dios».

- Decidimos consultar al Señor solamente para las decisiones «más importantes» de la vida, tales como casarnos, comprar una casa o cambiar de trabajo. No lo «queremos molestar» con aspectos que consideramos insignificantes. En esas áreas, nos movemos solos, guiados por nuestra propia manera de hacer las cosas. Convertimos, de esta manera, en innecesaria la invitación del apóstol Pablo a dejar que el Espíritu guíe nuestras vidas[47].

Será necesario que enfrentemos nuestra irremediable inclinación por cambiar a Jesús para que sea más parecido a lo que a nosotros nos gusta.

[47] Gálatas 5:18.

Momento de quietud

Quisiera invitarte a un momento de silencio. Será necesario que aquietes tu espíritu que, instintivamente, quiere explicar que, en tu vida, estas cosas no suceden. Sientes la insistente necesidad de demostrar que eres diferente a los demás. Es posible, incluso, que le hayas dado gracias al Señor por no padecer los mismos problemas que afligen a la mayoría. No es, sin embargo, tu opinión de ti mismo la que tiene peso, ni tampoco lo es la mía. Lo único que realmente importa es lo que el Señor percibe de nosotros, y él no podrá hablarnos hasta que, como Pedro, dejemos de discutir con él.

Lo único que realmente importa es lo que el Señor percibe de nosotros, y él no podrá hablarnos hasta que, como Pedro, dejemos de discutir con él.

Necesitamos, entonces, que él comparta con nosotros lo que él ve en nuestros corazones. Resultará útil recordar que nuestra perspectiva raras veces coincide con la de él, tal como quedó demostrado en la iglesia de Laodicea, que decía: «Soy rico, he triunfado, no necesito nada de nadie». El Señor, en cambio, decía de ella: «Olvidas que en realidad eres un mendigo ciego y digno de compasión, harapiento y sin hogar» (Apocalipsis 3:15-17, BEM).

Con un espíritu aquietado, libre de todo temor, acerquémonos a él y digamos:

> Investiga mi vida, oh Dios,
> averígualo todo sobre mí;
> examíname y ponme a prueba,
> hazte una idea clara de lo que soy;
> comprueba por ti mismo si he hecho algo malo;
> luego guíame por el camino de la vida eterna.
>
> SALMO 139:23-24, BEM

No te saltes este momento. El Señor nos puede decir algo importante aun si eso nos produce una momentánea sensación de incomodidad.

Cuando estés listo, quisiera que te tomes unos instantes para leer el texto de Éxodo 32:1-6. Allí Moisés relata el momento en el que Israel decide pedirle a Aarón que les haga un dios. Considera algunos detalles en el relato:

1. El motivo de la fatídica decisión es que Moisés se ha tardado mucho en bajar del monte. El pueblo no quiere un dios que los haga esperar.
2. El pueblo canaliza toda su devoción hacia este nuevo dios, el becerro de oro que ha fabricado Aarón, y ofrendan generosamente para él. De hecho, se muestran aún más generosos que lo que han sido hacia al Señor.
3. No desplazan a Jehová con esta abominación. Al contrario, le ofrecen esta versión «mejorada» al Señor y declaran un día de fiesta y celebración para Jehová.

El incidente revela dónde radica la esencia de cualquier propuesta religiosa. No corre a Dios de la escena, sino que propone formas para que lo podamos controlar, para conseguir de él los beneficios que buscamos, sin tener que someternos a sus exigencias.

Queremos volver a caminar con el Jesús que es misterioso, incomprensible, confrontador, compasivo, tierno, sufrido, poderoso, salvaje y temible, el Jesús que ¡es indomable!

He aquí, entonces, el gran peligro de un jesús «hecho a nuestra medida».

Ese jesús ya no transforma, porque lo hemos modificado para eliminar los aspectos desagradables de su persona.

Ese jesús nos entretiene, pero rara vez nos incomoda.

Ese jesús nos sigue a nosotros, en lugar de nosotros seguirlo a él.

Ese jesús es inofensivo porque ha perdido el poder y la santidad que lo hacen temible.

Ese jesús nos hace compañía, pero ha perdido el interés en revolucionar nuestras vidas. Una y otra vez nos repite un insistente mensaje: «Te amo. No necesitas cambiar nada en tu vida».

Al cerrar el proceso de reflexión por la que nos ha conducido este capítulo, quisiera invitarte a que me acompañes en un momento de conexión con Jesús:

Señor, queremos pedirte perdón por nuestro deseo de cambiarte, de hacerte más apetecible, más amigable para el consumidor. Nos damos cuenta de que ese jesús no nos sirve a nosotros ni, mucho menos, a una sociedad que busca, desesperada, el sentido de la vida. Queremos volver a caminar con el Jesús que es misterioso, incomprensible, confrontador, compasivo, tierno, sufrido, poderoso, salvaje y temible, el Jesús que ¡es indomable! Juntos afirmamos nuestra decisión de darte la libertad para que no solamente nos asombres, sino para que también nos incomodes, nos descoloques y nos desorientes. Entendemos que esas experiencias son la puerta por la que ingresamos a mayor intimidad con tu persona, aunque queremos que sepas que no nos gustan mucho esas sensaciones. No obstante, no queremos, de ninguna manera, imponer condiciones a nuestra relación contigo. Afirmamos que nos llamaste a seguirte, y eso queremos hacer. Declaramos nuestra intención de trabajar, de manera incansable, para que tú, Jesús, puedas ser Jesús. ¡Así sea!

ESCENAS DE CONTAGIO

Un domingo decidimos, con el equipo pastoral de la congregación, hacer algo completamente diferente. Invitamos a la congregación a pasar un día en el parque, donde disfrutaríamos de la comunión, las risas y las conversaciones entre hermanos. Como parte de la experiencia, cada uno traería comida para compartir con los demás.

A medida que fueron llegando las diferentes familias, sacaron las reposeras y la comida que habían traído y se dispusieron a disfrutar a pleno de la experiencia de compartir juntos un día de campaña.

Después de un rato, se acercó una persona que llevaba muchos años en la fe. Le preguntó, preocupado, a uno de los pastores:

—¿A qué hora comienza la reunión?

El pastor lo miró, se sonrió y le dijo:

—La reunión ya comenzó.

Este varón, alarmado, miró a su alrededor para ver dónde estaban los músicos, los micrófonos y las sillas para la reunión. El pastor, sin embargo, señaló a las familias alrededor de ellos y le explicó:

—Esta es toda la reunión que tendremos hoy.

Al darle la espalda a la rutina de cada domingo, quisimos ayudar a la congregación a entender que siempre que «dos o tres se reúnen en su nombre», el Señor se hace presente en medio de ellos y la vida fluye.

Esta propuesta, sin embargo, la cual se alinea con la revelación de la Palabra, sacó a varios de su zona de confort. Algunos, no dispuestos a convivir con esta incomodidad, se quejaron de que ese domingo se había «suspendido la reunión».

SEGUNDA PARTE

CRISTO A LA DIESTRA

PRÓLOGO

¡Qué revelador resulta el relato de los Evangelios sobre la experiencia de los discípulos con Jesús! Nos ofrece la valiosa oportunidad de observar, de cerca, las dinámicas de este misterioso proceso que he llamado *vida por contagio*. Nos sentimos identificados con ellos mientras intentan ser fieles al compromiso de caminar con Jesús. A lo largo del camino, se enfrentan al desconcierto, a la incertidumbre, a la burla y a la confusión. A la vez, el asombro se apodera de ellos, una y otra vez, cuando ven la forma en la que Jesús rompe todos los esquemas culturales, sociales, religiosos y físicos propios del mundo que habitan. Cristo, con sus contradicciones, resulta irresistiblemente atractivo, y no quieren perderse ninguna de las aventuras que propone, aun cuando ocasionalmente el terror los acompañe.

Y en este punto nos encontramos nosotros. También sentimos la irresistible gravitación que ejerce Jesús sobre nuestras vidas. Por esto, no nos satisfacen las prolijas propuestas de las expresiones de espiritualidad características de estos tiempos. Intuimos, en la intimidad de nuestros corazones, que aún no hemos ni visto ni experimentado todo lo que el Señor puede hacer en nosotros y por medio de nosotros para tocar las vidas de los demás. Convivimos con una insatisfacción santa, porque hemos escuchado la voz de nuestro Pastor que nos dice: «Yo vine para que puedan tener vida real y eterna, más y mejor vida de la que jamás soñaron» (Juan 10:6-10, BEM).

Seguramente, este anhelo viene acompañado de una leve sospecha de que la experiencia de los discípulos es irrepetible e irreproducible en nuestro propio contexto. La frecuente afirmación de muchos en el pueblo de Dios —«No podemos pasar todo el día con el Señor como los discípulos»— nos ha llevado a creer que otra manera de vivir a Jesús es más un espejismo que una posibilidad.

> Sentimos la irresistible gravitación que ejerce Jesús sobre nuestras vidas. Por esto, no nos satisfacen las prolijas propuestas que proponen las expresiones de espiritualidad características de estos tiempos.

Pero la propuesta de Jesús para nuestras vidas, a pesar de nuestras objeciones, ¡es exactamente esa! No llamó a algunos discípulos a seguirlo todo el tiempo y a otros, como nosotros, a seguirlo como podamos, en los ratos que logramos apartar en nuestra cargada agenda semanal. Jesús extiende la invitación a todos los que llama a que nos entreguemos a cultivar con él una relación que se mantenga viva y activa siempre, sin importar el momento o el lugar en el que nos encontremos.

Esta relación puede ser comparada a la del matrimonio. No dejo de ser esposo porque no estoy físicamente en el mismo lugar donde está mi esposa. Lo sigo siendo aun cuando trabajamos en lugares diferentes. Y como todo matrimonio que aspira a una vida de conexión continua, seguimos pendientes el uno del otro a lo largo de todo el día. Nos enviamos mensajes. Nos llamamos.

Nos cubrimos en oración. Reiteramos, a lo largo del día, nuestro amor el uno por el otro. Pensamos el uno en el otro, añorando el momento en el que volveremos a vernos, abrazarnos y disfrutarnos.

> Jesús extiende la invitación a todos los que llama a que nos entregemos a cultivar con él una relación que se mantenga viva y activa siempre.

Nuestro desafío es encontrar la forma de cultivar esta misma clase de dinámica con Jesús. Ese es el tema que intentaremos abordar en esta segunda parte del libro. Deseamos descubrir qué provisión hizo el Señor para que podamos acceder a una relación con él que sea similar a la de los Doce.

Gracias por acompañarme hasta aquí. Entiendo que tu perseverancia indica que sigues soñando con una relación con Jesús que te apasione y te entusiasme. Bendigo tu búsqueda y me atrevo a creer que el Señor ya ha salido a tu encuentro para sorprenderte con algo nuevo para estos tiempos que vives.

CAPÍTULO 10

LLEGA UN AMIGO

La inminente partida del Señor despierta en los discípulos preguntas acerca de cómo seguirán adelante si él ya no se encuentra entre ellos. El perder la seguridad de contar siempre con alguien que guía su andar y responde a sus inquietudes los llena de temor. Él, sin embargo, ya se ha anticipado a este desafío y, por esto, les comparte una muy buena noticia: «Si me aman, demuéstrenlo haciendo lo que les he dicho. Hablaré con el Padre y él les dará otro Amigo para que siempre tengan a alguien con ustedes. Este Amigo es el Espíritu de verdad» (Juan 14:15-17, BEM). Indica, de esta manera, que ellos contarán con exactamente el mismo beneficio que él ha gozado: la presencia del Espíritu trayendo a sus vidas sabiduría, entendimiento, consejo y poder.

Es bueno que tomemos nota de que esta promesa es condicionada. La extiende hacia aquellos que demuestran su amor por

Jesús al vivir conforme a sus indicaciones: es decir, aquellos que entienden que han sido llamados a una vida de obediencia.

La acción del Señor abre el camino para que el proceso de vida por contagio no se vea, de ningún modo, interrumpido. De la misma manera en la que él ha escuchado sus preguntas y ha guiado sus reflexiones sobre la vida, ahora el Amigo, el Espíritu Santo que el Padre enviará, «les explicará todo y les recordará todas las cosas que les he dicho» (Juan 14:25-27, BEM).

El Señor señala, incluso, que esta nueva dinámica —aunque tiene sabor a pérdida para los discípulos— es infinitamente mejor que la experiencia que han disfrutado con él. «Déjenme decirles de nuevo esta verdad: es mejor para ustedes que yo me vaya. Si no me voy, el Amigo no vendrá; pero si me voy, lo enviaré a ustedes» (Juan 16:4-7, BEM). El Espíritu, libre de las restricciones que impone habitar un cuerpo y no sujeto a las limitaciones que imponen el tiempo y el espacio, es el Ayudador que estará con cada uno de ellos, literalmente, las veinticuatro horas del día.

Podemos entender, también, por qué Jesús se muestra tranquilo con el proceso que viven los Doce. No pesa sobre él el apuro de terminar la formación de ellos antes de partir. De hecho, señala: «Todavía tengo muchas cosas que decirles» (Juan 16:12-15, BEM). Aclara, no obstante, que «ahora no pueden entenderlas. Sin embargo, cuando venga el Amigo, el Espíritu de verdad, él los tomará de la mano y los guiará a toda la verdad que existe» (16:12-15, BEM). De esta manera, entonces, el Espíritu continua, sin interrupción, lo que Jesús ha edificado con los discípulos. Ellos no experimentarán ninguna modificación, porque «él me honrará; él tomará de mí y se lo entregará a ustedes» (16:12-15, BEM).

Esa actitud de profundo respeto, que es distintiva de las tres personas de la Trinidad, simplifica admirablemente la labor del Espíritu, pues elimina la rivalidad y la competencia que tanto complican las relaciones interpersonales entre nosotros. La obra será, efectivamente, la continuación del ministerio de Cristo. El Señor asegura, de esta manera, que el compromiso del Hijo del Hombre con los suyos seguirá, inquebrantable, por los siglos de los siglos, por lo que no duda en declarar: «Yo estaré con ustedes mientras hacen esto, día tras día, hasta el fin de los tiempos» (Mateo 28:18-20, BEM).

Bienvenido, Espíritu

Los discípulos necesitarán tiempo para asimilar esta nueva forma de caminar con el Señor. Los procesos lentos que acompañan la formación requieren que Jesús vuelva varias veces a orientarlos en esta dirección. Cuando resucita, se presenta en medio de ellos y «luego [respira] hondo y [sopla] sobre ellos: "Reciban el Espíritu Santo"»; y procede a explicarles el peso de autoridad que esto trae a sus vidas: «Si le perdonan los pecados a alguien, desaparecerán para siempre. Pero, si no le perdonan los pecados, ¿qué van a hacer con estos?» (Juan 20:22-23, BEM).

Minutos antes de ascender al cielo, Jesús vuelve a enfatizar el rol esencial que tendrá el Espíritu en el camino que deben recorrer los discípulos. Los anima a que esperen el cumplimiento de la Palabra que él mismo les ha dado: «En unos cuantos días ustedes serán bautizados con el Espíritu Santo» (Hechos 1:5). Luego, procede a darles mayores detalles: «Recibirán poder cuando el Espíritu Santo descienda sobre ustedes; y serán mis testigos, y le hablarán a la gente acerca de mí en todas partes» (1:8).

¡Y así sucede! Con las mismas llamativas características que acompañaron el inicio del ministerio de Jesús (en el bautismo), el Espíritu se manifiesta de manera visible, de modo que se oye «un gran ruido que se [parece] al de un viento fuerte. ¡Nadie [sabe] de dónde [viene]! El estrépito [llena] la sala. Entonces, como fuego en un bosque, el Espíritu Santo se [derrama] sobre ellos, y [empiezan] a hablar en diferentes idiomas» (Hechos 2:1-4, BEM).

Socio vital

Cuando pensamos en la persona de Jesús, no solemos percibir lo estrecho y lo vital de su relación con el Espíritu Santo. Pedro, sin embargo, lo ubica en el centro del relato que comparte con Cornelio, el centurión romano a quien ha sido enviado:

> Todo empezó en Galilea después de que Juan predicara sobre el arrepentimiento, un cambio total de vida. Entonces Jesús vino de Nazaret. Dios lo ungió con el Espíritu Santo y entró en acción. Hizo un recorrido por el país y ayudó a la gente; sanó y libertó a todos los que el diablo había aprisionado. Pudo hacer todas esas cosas porque Dios estaba con él.
>
> HECHOS 10:37-38, BEM

Jesús ahora pretende que sus discípulos vivan como él ha vivido, permitiendo al Espíritu una función vital. Deben imitar lo que han visto ejemplificado en la vida de él, pues, como señala el apóstol Pablo, Cristo es «el primero en la línea de la humanidad [...]; en él vemos la forma original e intencionada de nuestras vidas» (Romanos 8:29-30, BEM).

Prestar atención a este aspecto en la vida del Señor nos permite entender mejor el rol que debe jugar en nosotros el Espíritu.

Cuando pensamos en la persona de Jesús, no solemos percibir lo estrecho y lo vital de su relación con el Espíritu Santo.

Su obra es esencial en este proceso que llamamos *vida por contagio*, pues el texto de 2 Corintios que hemos examinado declara: «Ahora bien, el Señor es el Espíritu; y donde está el Espíritu del Señor, *hay* libertad. Pero todos nosotros, con el rostro descubierto, contemplando como en un espejo la gloria del Señor, *estamos siendo transformados en la misma imagen de gloria en gloria, como por el Señor, el Espíritu»* (2 Corintios 3:17-18, NBLA, énfasis añadido).

El vínculo que existe entre el Enviado del Señor y su Espíritu se anuncia setecientos años antes de que nazca Cristo:

> Del tocón de la familia de David saldrá un brote, sí, un Retoño nuevo que dará fruto de la raíz vieja. Y el Espíritu del SEÑOR reposará sobre él: el Espíritu de sabiduría y de entendimiento, el Espíritu de consejo y de poder, el Espíritu de conocimiento y de temor del SEÑOR. Él se deleitará en obedecer al SEÑOR; no juzgará por las apariencias ni tomará decisiones basadas en rumores.
> ISAÍAS 11:1-3

La profecía incluye ricos detalles de los beneficios que aporta el Espíritu a la vida de Jesús. Los discípulos, por estar con él, disfrutan de esta gracia cada día que comparten juntos. Estos incluyen sabiduría, entendimiento, consejo, poder, conocimiento y temor del Señor. De hecho, la combinación de estos elementos nos ofrece una muy buena descripción de quién es Jesús. Posee la capacidad de aplicar la Palabra a situaciones específicas de la vida, la percepción para entender lo que sucede en el corazón de las personas, la inteligencia para proveerles la orientación precisa y el poder para sanar la diversidad de dolencias que aquejan su existencia. Todo esto se encuentra enmarcado en una actitud de honra y de sumisión hacia el Padre.

En el momento en el que Jesús inicia su ministerio público, él confirma, mediante otro texto de Isaías, su relación con el Espíritu. Puesto en pie en la sinagoga de Nazaret, Jesús lee el escrito del profeta:

> El Espíritu de DIOS, el Señor,
> está sobre mí porque DIOS me ha ungido.
> Me envió a predicar buenas noticias a los pobres

a curar a los que tienen el corazón lastimado,
a anunciar libertad a todos los cautivos,
a absolver a todos los prisioneros.
Dios me envió a anunciar el año de su gracia.
ISAÍAS 61:1-7, BEM

Al sentarse, no duda en declarar: «La Escritura que acaban de oír ¡se ha cumplido este mismo día!» (Lucas 4:21). Por el cumplimiento de esta palabra, Jesús predica, anuncia, libera, sana, restaura, desafía, corrige, inspira y encomienda, el Espíritu propiciando en él cada una de estas acciones.

El protagonista invisible

El Nuevo Testamento nos ofrece un panorama completo de la obra del Espíritu en la vida del Cristo. Estuvo presente desde su misma concepción, pues Mateo declara que María queda «embarazada mediante el poder del Espíritu Santo» (Mateo 1:18). Luego de ser bautizado Jesús, «el cielo se [abre] y [él ve] que el Espíritu de Dios, parecido a una paloma, [desciende] y se [posa] sobre él» (Mateo 3:16-17, BEM). El Padre claramente indica, de esta manera, cuál será «el motor» del ministerio de Cristo.

El mismo Espíritu, llamativamente, lleva «a Jesús al desierto para que allí lo [tiente] el diablo» (Mateo 4:1). Luego, regresa «a Galilea lleno del poder del Espíritu Santo» (Lucas 4:14). Y con el crecimiento de su ministerio, Jesús comienza a señalar que lo que hace, lo hace por este poder. Expulsa demonios por el Espíritu[48]. En su condición de enviado de Dios, «habla las palabras de Dios, porque Dios le da el Espíritu sin límites» (Juan 3:34). Los Evangelios incluso señalan en una ocasión que el profundo gozo que experimenta Jesús es por el Espíritu Santo[49].

---

[48] Mateo 12:28.
[49] Lucas 10:21.

Jesús describe, una y otra vez, la unidad de propósito que comparte con el Padre: «Les digo esto sin rodeos. El Hijo no puede hacer nada de forma independiente, sino lo que ve hacer al Padre. Lo que hace el Padre, lo hace el Hijo. El Padre ama al Hijo y lo incluye en todo lo que hace» (Juan 5:19-20, BEM). Declara, con asombrosa sencillez: «No puedo hacer nada solo: escucho, luego decido» (Juan 5:30-33, BEM). En la última Pascua que celebra en Jerusalén, vuelve a decirle a la multitud: «No estoy inventando nada de esto por mi iniciativa. El Padre que me envió me dio órdenes, me dijo qué decir y cómo decirlo. Y sé exactamente lo que produce su mandato: vida real y eterna. Eso es lo único que tengo que decir. Lo que el Padre me dijo, yo se los digo» (Juan 12:47-50, BEM).

El mediador de esta conexión es el Espíritu. Le permite al Hijo percibir las obras que el Padre hace, escuchar las palabras que habla y discernir la orientación que le muestra hacia dónde debe moverse cada día.

Este mover se extiende aun hacia la muerte del Cristo en la cruz. «Por el poder del Espíritu eterno —declara el autor de Hebreos— Cristo se [ofrece] a sí mismo a Dios como sacrificio perfecto por nuestros pecados» (Hebreos 9:14). No debe extrañarnos, entonces, que el Espíritu participe también en la Resurrección. «El Espíritu de Dios, quien levantó a Jesús de los muertos, vive en ustedes», explica el apóstol Pablo (Romanos 8:11). En su primera carta a Timoteo, afirma también que, por medio del Espíritu, Jesús fue justificado[50].

El Espíritu le permite al Hijo percibir las obras que el Padre hace, escuchar las palabras que habla y discernir la orientación que le muestra hacia dónde debe moverse cada día.

[50] 1 Timoteo 3:16.

Momento de quietud

Quisiera invitarte a que leas la explicación que ofrece Pablo acerca de la forma que se da nuestra interacción con el Espíritu.

> Pero fue a nosotros a quienes Dios reveló esas cosas por medio de su Espíritu. Pues su Espíritu investiga todo a fondo y nos muestra los secretos profundos de Dios. Nadie puede conocer los pensamientos de una persona excepto el propio espíritu de esa persona y nadie puede conocer los pensamientos de Dios excepto el propio Espíritu de Dios. Y nosotros hemos recibido el Espíritu de Dios (no el espíritu del mundo), de manera que podemos conocer las cosas maravillosas que Dios nos ha regalado.
>
> Les decimos estas cosas sin emplear palabras que provienen de la sabiduría humana. En cambio, hablamos con palabras que el Espíritu nos da, usando las palabras del Espíritu para explicar las verdades espirituales; pero los que no son espirituales no pueden recibir esas verdades de parte del Espíritu de Dios. Todo les suena ridículo y no pueden entenderlo, porque solo los que son espirituales pueden entender lo que el Espíritu quiere decir.
>
> 1 CORINTIOS 2:10-14

Eugene Peterson elige esta traducción para uno de los versículos: «El Espíritu solo puede ser conocido por el espíritu: el Espíritu de Dios y nuestros espíritus en comunión sincera» (2:14-16, BEM). Señala, de esta manera, que la conversación se da de Espíritu a espíritu, una dinámica que no estamos acostumbrados a considerar. Si comenzamos a prestar atención a este proceso, sin embargo, nos sorprenderemos de las veces que la silenciosa voz del Señor nos habla.

Quizás desees hacer tuya esta oración:

Señor, tengo en el Espíritu un increíble recurso, pero no lo he sabido aprovechar. Si el Espíritu es tan importante en el peregrinaje terrenal de Jesús, ¿cómo podría yo prescindir de su ayuda? Quiero aprender a moverme en el Espíritu como lo hacen los discípulos en los Hechos de los Apóstoles. Revela aquellos temores que inhiben este proceso en mí, para que yo los pueda rendir ante ti. Conduce mi vida, Señor, hacia una nueva dinámica espiritual que favorezca tus propósitos eternos. Amén.

Aprender a escuchar

Cuando los tres íntimos de Jesús suben con Jesús al monte donde ocurre la transfiguración, «una nube los [cubre] y, desde la nube, una voz [dice]: "Este es mi Hijo muy amado. Escúchenlo a él"» (Marcos 9:7). En esta sencilla instrucción se encuentra la clave para caminar con Jesús: dejar que él guíe sus vidas.

> Si comenzamos a prestar atención a este proceso, nos sorprenderemos de las veces que la silenciosa voz del Señor nos habla.

La propuesta del Señor es que esta misma dinámica exista ahora en relación con el Espíritu. De hecho, Pablo explica que esta será una de las características que nos distinguirá, «pues todos los que son guiados por el Espíritu de Dios son hijos de Dios» (Romanos 8:14). Reitera, en su carta a los gálatas, su llamado a que seamos un pueblo cuya característica distintiva sea su conexión con el Espíritu: «Dejen que el Espíritu Santo los guíe en la vida. Entonces no se dejarán llevar por los impulsos de la naturaleza pecaminosa» (Gálatas 5:16).

Si el Espíritu ha de ser el que guíe nuestras vidas, sin embargo, será necesario aprender a distinguir su voz, algo en lo que la mayoría de nosotros mostramos notable ignorancia. Aunque resulte obvio, vale la pena señalarlo: ¡simplemente no podemos obedecer la voz de alguien a quien no escuchamos!

> Si el Espíritu ha de ser el que guíe nuestras vidas, será necesario aprender a distinguir su voz, algo en lo que la mayoría de nosotros mostramos notable ignorancia.

La experiencia del joven Samuel, que se inicia en el camino de aprendiz del sumo sacerdote Elí, nos puede ayudar a resolver este dilema. Una noche, cuando el muchacho duerme, escucha una voz. Supone que es Elí quien lo llama, pero el sacerdote lo niega. El relato registra que comete tres veces el mismo error, y nos explica: «Todo eso [sucede] antes de que Samuel [conozca] a

Dios por sí mismo; antes de que la revelación de Dios le [sea] dada personalmente» (1 Samuel 3:6-7, BEM).

El incidente nos deja dos importantes lecciones.

La primera es que la voz de Dios puede ser fácilmente confundida con otras voces a nuestro alrededor o, incluso, con la nuestra. Ni siquiera el experimentado Elí se da cuenta, al principio, de lo que sucede.

Y esto nos lleva a una segunda observación: debemos cultivar la capacidad de distinguir la voz del Señor. No nacemos con esta habilidad, ni tampoco se nos concede automáticamente cuando aceptamos la invitación a caminar con Jesús. Al igual que los discípulos, viviremos muchos momentos en los que no entenderemos que Jesús nos habla, porque nos parecerá descabellado lo que dice, o nos incomodará su propuesta.

El autor de Hebreos señala cuál es la forma de resolver esta falta de discernimiento. Frustrado por la falta de comprensión en las personas a quienes escribe, siente que debe volver a darles leche, como al principio de la vida. «La leche es para principiantes, inexpertos en los caminos del Señor —explica—; el alimento sólido es para los maduros, que tienen cierta práctica en distinguir el bien del mal» (Hebreos 5:11-14, BEM).

Indica, de esta manera, que aprender a distinguir entre lo bueno y lo malo es una cuestión de práctica. Esta capacidad incluye, entre otras cosas, diferenciar entre la voz del Señor y las muchas otras voces que se arremolinan a nuestro alrededor.

> La voz de Dios puede ser fácilmente confundida con otras voces a nuestro alrededor o, incluso, con la nuestra. Debemos cultivar la capacidad de distinguir la voz del Señor.

Comprometerse con la disciplina de la práctica exige la disposición a cometer errores y la perseverancia de insistir con un proceso que, solamente con el tiempo, nos permitirá adquirir destreza en lo que debería ser una disciplina común para todo discípulo.

En resumen, para caminar con el Espíritu, debemos transitar por el mismo sinuoso camino que transitan los Doce. En ocasiones, nos moveremos en sintonía con el Señor y, en otras, nos moveremos a destiempo. ¡Es el precio de aprender a ser discípulos!

Todo el día

«Ya que vivimos por el Espíritu —escribe el apóstol Pablo—, sigamos la guía del Espíritu *en cada aspecto de nuestra vida*» (Gálatas 5:25, énfasis añadido). He resaltado la frase porque no deja dudas acerca de la injerencia que anhela tener el Espíritu en nuestras vidas. Él desea guiar nuestros pasos mientras conducimos el carro, hacemos las compras, hablamos con vecinos, interactuamos con compañeros de trabajo, llenamos una planilla de Excel o realizamos una visita al médico. Al igual que la propuesta de Jesús con los Doce, la invitación es a acompañarlo en los espacios desordenados y sorpresivos de la vida cotidiana.

La invitación es a acompañar a Jesús en los espacios desordenados y sorpresivos de la vida cotidiana.

Cuando consideramos esta forma de vivir a Cristo, entendemos por qué es tan inadecuado intentar cultivar una relación significativa con el Señor fundamentada en diez minutos de conexión por día y dos reuniones por semana. Si nuestra relación con Dios fuera un matrimonio, ¡no duraría ni un año con esa clase de compromiso!

Además, tal como he señalado en otras secciones de este libro, los momentos más espirituales en el peregrinaje de los Doce no suceden en el marco de reuniones formales programadas. Se dan, más bien, sobre la marcha, de manera improvisada y sorpresiva, mientras caminan con Jesús cada día. El Señor convierte estos momentos cotidianos en maravillosos momentos espirituales porque vive conectado al Padre por medio del Espíritu.

Si nuestra relación con Dios fuera un matrimonio, ¡no duraría ni un año con esa clase de compromiso!

Esta observación posee profundas implicaciones para nuestro propio peregrinaje. Nos invita a que comencemos a prestar atención al Señor en los momentos que no estamos leyendo la Palabra, escuchando un pódcast o participando en una reunión. Si logramos evitar el error de Marta, que se distrajo con la preparación de la comida, tendremos acceso a una gran diversidad de momentos que pueden ser transformadores para nosotros y para aquellos con quienes compartimos la vida.

Nos invita a que comencemos a prestar atención al Señor en los momentos que no estamos leyendo la Palabra, escuchando un pódcast o participando en una reunión.

Momento de quietud

La función principal del Espíritu es la de *guiar*. Por lo general, interpretamos que esto significa que el Señor nos habla cuando abrimos la Palabra, cada día, o cuando escuchamos una enseñanza en nuestra congregación. Luego, imaginamos que nos dice: «Intenta recordar esto a lo largo de la semana para vivir una vida recta». Esto es como si llegáramos a recorrer un museo y la persona que trabaja como guía nos diera, a la entrada, un manual que ofrece detalles acerca de cada sección y cada artefacto en el edificio. Ella nos dice: «El manual contiene toda la información que necesitan. Yo estaré aquí, a la salida, para cualquier pregunta o duda que les haya surgido a lo largo del camino».

El compromiso del Espíritu es proveernos luz y dirección mientras camina con nosotros en cada una de las situaciones que atravesamos.

Si has visitado alguna vez un museo, sabrás que la persona asignada para guiar se compromete a acompañarnos *mientras* recorremos el lugar. Estará a nuestro lado en cada habitación e irá explicando lo que debemos saber cada vez que nos detenemos para observar un artefacto, un cuadro o una representación. A lo largo del camino, responderá a nuestras preguntas y aclarará nuestras dudas. ¡Ningún manual puede ofrecernos esta experiencia!

Tal es la función del Espíritu en nuestras vidas. Su compromiso es proveernos luz y dirección mientras camina con nosotros en cada una de las situaciones que atravesamos.

Cuando quedamos atascados en el tránsito, el Espíritu quiere recordarnos que el gozo es la característica distintiva del discípulo.

Mientras caminamos con él, nos vamos *contagiando* de su forma de mirar la vida, y sus valores comienzan a ser los nuestros también.

Cuando hablamos con un compañero de trabajo que atraviesa un momento difícil, el Espíritu nos impulsa a sembrar una palabra de ánimo en su corazón.

Cuando nos lamentamos por los aumentos en el costo de

los alimentos que compramos, el Espíritu nos recuerda que hemos sido llamados a dar gracias en todas las cosas[6].

Cuando, en nuestro hogar, comenzamos a discutir con algún miembro de la familia, el Espíritu nos recuerda que la ira del hombre no obra la justicia de Dios[7].

La oración debe ser un espacio de diálogo.

Cuando nos acostamos enojados, el Espíritu nos susurra al oído: «No dejes que el sol se ponga sobre tu enojo»[8].

Cuando entramos en pánico porque nos sentimos incapaces de llevar adelante algún desafío, el Espíritu nos recuerda que su poder se perfecciona en nuestra debilidad[9].

Es por medio de esta dinámica que damos al Espíritu plena participación en nuestro andar diario. A medida que adquirimos mayor sensibilidad a su voz, nuestras vidas comienzan a disfrutar de una conexión más fluida con el Señor. Y es esta la que favorece que él trabaje en nosotros esa transformación que él anhela producir en su pueblo. Mientras caminamos con él, nos vamos *contagiando* de su forma de mirar la vida, y sus valores comienzan a ser los nuestros también.

Le hemos pedido al Señor que nos enseñe a tener comunión con él. Como parte de este proceso, quisiera invitarte a que le hagas una pequeña modificación a la forma en que oras. Por lo general, nuestras oraciones son un monólogo. Nosotros hablamos, y el Señor nos escucha. Pero la oración debe ser, también, un espacio de diálogo.

Simplemente crea los espacios que te recuerden que no caminas solo, sino con un Amigo.

Cuando te dispongas a orar, aquieta primero el espíritu de ansiedad y apuro que tantas veces acompaña nuestros momentos de conexión con el Señor. Recuerda que el Señor nos anima, cuando oramos, a entrar en nuestro aposento y cerrar la puerta[10]. ¡Nadie cierra la puerta de una habitación si tiene la intención de salir de inmediato!

---

6 1 Tesalonicenses 5:18.
7 Santiago 1:20.
8 Efesios 4:26.
9 2 Corintios 12:9.
10 Mateo 6:6.

Cuando comiences a hablar con el Señor, inserta en tu conversación pequeñas pausas, tal como lo harías en una plática con un amigo. Esos momentos de silencio invitan al Espíritu a sumar algo a lo que decimos. No te pongas ansioso, ni creas que necesariamente debes escuchar algo. Simplemente crea los espacios que te recuerden que no caminas solo, sino con un Amigo. A lo largo del camino, comenzarás a descubrir que el Señor comienza también a aportar algo.

Te recuerda un texto.

Te inquieta a orar por una persona.

Te anima a considerar un aspecto que no has tomado en cuenta.

Te invita a mirar una situación con los ojos de la otra persona.

Te invita a arrimarte a él, para que aquiete tu corazón con su paz.

Si logramos afianzarnos en esta dinámica, habremos dado un importante paso en el desafío que nos extiende Jesús a caminar con él ¡todo el día, todos los días!

ESCENAS DE CONTAGIO

Durante mi paso por el Seminario Teológico Fuller en Los Ángeles, tuve la oportunidad de cursar la materia «Señales, milagros y prodigios» con el pastor John Wimber. Él compartía, en sus clases, las extraordinarias manifestaciones que se habían producido en su congregación al abrirse al mover del Espíritu. Su experiencia era llamativa porque él había pastoreado durante años una congregación alineada con una postura más conservadora en estas cuestiones.

Después de la primera parte de la clase, la teórica, John pasaba a la parte práctica. Por lo general iniciaba esta sesión con una sencilla oración: «Señor, ¿qué quieres hacer entre nosotros esta noche?». Recuerdo lo incómodo que me sentí la primera vez que lo escuché orar de esta manera. No venía yo de una congregación en la que alguna vez hubiera escuchado a alguien orar así. A medida que las clases avanzaron, sin embargo, empecé a entender que él había cultivado un aspecto de su vida al que yo nunca le había prestado atención: aprender a escuchar la voz del Espíritu. No entendí mucho de lo que sucedía en la clase, y algunas de sus enseñanzas me resultaron algo controvertidas, pero una cosa me quedó clara: él tenía una ventaja, en el ministerio, que yo no poseía.

ESCENAS DE CONTAGIO

Muchas veces, en los momentos en los que medito sobre un texto o estoy haciendo alguna tarea en casa, se me cruza por la cabeza el nombre de una persona. En ocasiones, se trata de alguien con quien he estado en contacto reciente, pero, a veces, se trata de una persona que no he visto en mucho tiempo. Suelo aprovechar estas experiencias para orar por la persona. Durante los últimos años, sin embargo, he sumado otra acción a mi intercesión: decido mandar un mensaje o hacer una llamada.

Me ha sorprendido la cantidad de veces que mi mensaje o mi llamada llega en el momento más oportuno. La persona atraviesa una situación de angustia y está necesitada de una palabra de ánimo, o lucha con una importante decisión y necesita que alguien la escuche. Con el tiempo, he entendido que algunos de estos pensamientos que parecen completamente fortuitos son formas en que el Espíritu inquieta a mi espíritu y me impulsa a conectarme con alguien. Con la práctica he aprendido a perder menos tiempo analizando estas sensaciones y ser más rápido a la hora de darle seguimiento.

CAPÍTULO 11

ANTÍDOTO PARA LA SOLEDAD

La transformación que viene de vivir por contagio radica más sobre las relaciones interpersonales que cultivamos que sobre nuestros propios esfuerzos por cambiar. Como vimos, ante su inminente partida, el Señor anunció que dejaría un Amigo para que sus discípulos no estuvieran nunca desconectados de él, aun estando Jesús físicamente ausente. A partir del ascenso de Jesús al cielo, el Espíritu se convierte en el principal protagonista en la espiritualidad de los discípulos.

La transformación que viene de vivir por contagio radica más sobre las relaciones interpersonales que cultivamos que sobre nuestros propios esfuerzos por cambiar.

El Señor entiende, sin embargo, la importancia de seguir conectados con personas de carne y hueso que son, para nosotros, la manifestación visible del Cristo invisible. Se adelanta a esta necesidad mediante la creación de una comunidad, un pueblo en cuya compañía caminaremos mientras buscamos darle forma a la vida en el reino. Le da a esta comunidad el nombre de *iglesia*, un grupo de personas unidas por el compromiso de responder a la invitación a ser los discípulos de Jesús. Al igual que sucede con Jesús físicamente presente, en este espacio compartirán juntos la experiencia de caminar con el Señor. La característica distintiva de esta comunidad será que sus miembros demuestran qué aspecto posee la verdad cuando se convierte en un estilo de vida.

Como nosotros

Cuando nos acercamos a los Evangelios, sorprende descubrir que no existen muchos textos referidos a la iglesia. Inmersos en una cultura que pregona, con obstinación, la independencia personal, sentimos que este silencio insinúa una ineludible conclusión: el único interés del Señor es restaurar la relación con el individuo. Anhela que la persona, en el lenguaje popular de la iglesia, «abra la puerta de su corazón y lo reciba como Salvador».

No necesitamos pasar mucho tiempo en la Palabra, sin embargo, para percibir que esta perspectiva es absolutamente contraria al corazón de Dios. Todas las veces que se acerca a una persona, lo hace pensando en otros que serán beneficiarios de esta visita sagrada. Su inversión siempre apunta a una ola expansiva que afectará a familiares, amigos, vecinos y compañeros de trabajo. Por esto, las Escrituras revelan a un Dios que es, sobre todas las cosas, Dios de pueblos, no de individuos.

> El Señor entiende la importancia de seguir conectados con personas de carne y hueso que son, para nosotros, la manifestación visible del Cristo invisible.

Jesús, como es de esperarse, es la manifestación visible de esta convicción. Cultiva su relación con los discípulos aprovechando la inclinación natural del pueblo judío hacia la vida comunitaria. La propuesta de caminar, vivir y aprender juntos no es original.

Durante muchos siglos, los profetas y los líderes religiosos se han rodeado de aprendices con quienes compartir la vida. Para Cristo, sin embargo, se trata de algo más que un método. Su invitación hace partícipes a los discípulos de la unidad y de la armonía que existen entre el Padre, el Hijo y el Espíritu. Ellos son el equipo soñado, trabajando en perfecta sintonía, unidos por un mismo propósito. Resulta inconcebible, para estos tres, que alguno de ellos intente avanzar solo, movido por sus propias ambiciones.

Las Escrituras revelan a un Dios que es, sobre todas las cosas, Dios de pueblos, no de individuos.

Cuando el Señor invita a los Doce a unirse a él, entonces, abre el círculo de este espacio sagrado, para que se conviertan en participantes plenos de la experiencia de ser comunidad. Este anhelo motiva su clamor al Padre en Juan 17:20-23: «El objetivo es que todos ellos se conviertan en uno solo, así como tú, Padre, estás en mí y yo en ti, para que puedan ser uno, como nosotros somos uno» (BEM). El hecho de que insista con su petición es una indicación de cuánto depende de este elemento el éxito de la misión que les encomienda. «La misma gloria que me diste, yo les di, para que estén tan unidos y juntos como nosotros, yo en ellos y tú en mí. Entonces madurarán en esta unidad, y mostrarán al mundo impío que me has enviado y los amaste de la misma manera en que me has amado a mí» (20-23, BEM).

Doce juntos

Jesús desarrolla la experiencia de ser iglesia con los Doce. Nuestro concepto de aprendizaje, vinculado a un aula y a un horario, rara vez incluye cultivar una relación con otros alumnos. Llegamos al aula en calidad de oyentes, y nuestra interacción con los demás es escasa porque una sola persona, el docente, es la que domina el proceso. En la experiencia de los discípulos, sin embargo, se comparte la vida en una gran diversidad de entornos. A lo largo del camino, como hemos visto, participan como grupo de conversaciones, hacen preguntas y responden a enseñanzas.

En el marco de esta experiencia tienen acceso ilimitado al Maestro. Lo observan en situaciones para las que no ha «preparado una clase». Estas experiencias son increíblemente valiosas porque, cuando no existe un libreto al que referirse, la persona debe actuar conforme a lo que *es*. De esta manera, los momentos informales los conducen hacia una maravillosa conclusión: se encuentran ante un hombre lleno de gracia y verdad[51].

El ingrediente que le otorga cohesión a esta experiencia es el amor. Es en el marco de este inclaudicable compromiso que los discípulos aprenden juntos y son, además, corregidos. Jesús, ignorando las recomendaciones de la psicología, con frecuencia exhorta y corrige a individuos delante del grupo. Los discípulos, desprovistos de la hipersensibilidad de esta época, aceptan que las lecciones de uno son también las lecciones de todos. No se ofenden, porque entienden que la relación del corregido con Jesús nunca está en peligro.

La Última Cena revela las escandalosas dimensiones de este amor. En una noche de momentos inesperados, Jesús vuelve a descolocar a sus discípulos con una triste revelación: «En verdad les digo que uno de ustedes me entregará» (Juan 13:21, NBLA). Los discípulos se miran unos a otros, y están «perplejos sin saber de quién hablaba» (13:22, NBLA).

Esta sensación de absoluto desconcierto revela que, a pesar de que Cristo sabe que Judas lo va a traicionar, jamás deja de amarlo con la misma intensidad y generosidad que a los otros once. No siembra ni con su comportamiento ni con sus palabras la más mínima insinuación en la mente de los once. Su proceder no es el resultado de una decisión estratégica, sino de la obligación que impone su propia esencia: Ama porque Dios es amor[52]. ¡No puede hacer otra cosa más que amar!

---

[51] Juan 1:14.
[52] 1 Juan 4:8.

Momento de quietud

Jesús, rodeado de sus discípulos, ejemplifica para nosotros lo que es la iglesia: un grupo de personas que comparten la vida juntas mientras caminan con el Maestro.

No tienen domicilio fijo.

No comparten horarios de reuniones.

No siguen una liturgia establecida.

Simplemente comparten la vida mientras se ocupan de los asuntos que tienen que ver con la vida cotidiana.

Piensa, un instante, en lo que es tu propia experiencia de la iglesia. Usa algunas de estas preguntas para estimular el proceso de reflexión:

1. ¿Cómo crees que la mayoría de las personas que conoces definirían a la iglesia?

2. ¿Cuáles son las características distintivas de esta iglesia, tal como la conoces?

3. ¿En qué aspectos consideras que ha perdido la iglesia algo de su identidad original?

4. ¿Qué pasos podrías dar, en tu vida, para comenzar a vivir una experiencia más genuina de iglesia, similar a la que viven los discípulos con Jesús?

Nos necesitamos

El compromiso de Jesús con la comunidad permea todas sus enseñanzas. Resume toda la ley con dos mandamientos:

> «Ama al Señor tu Dios con todo tu corazón, con toda tu alma, con toda tu mente». Este es el más importante, el primero de cualquier lista. Sin embargo, hay un segundo mandamiento que *debe* acompañarlo: «Ama a los demás como te amas a ti mismo». Estos dos mandamientos son fundamentales; todo en la ley de Dios y los profetas depende de ellos.
>
> MATEO 22:37-40, BEM, *énfasis añadido*

Deja en claro que no existe manera de cultivar una relación con Dios sin demostrar exactamente el mismo compromiso hacia el prójimo. Esta es la razón de la llamativa construcción del texto que conocemos como el Padrenuestro[53]. Esta oración, que es modelo de la más íntima y personal de las disciplinas espirituales, emplea adjetivos y verbos plurales a la hora de elevar peticiones a Dios:

«Padre *nuestro*».

«*Danos* hoy el alimento que necesitamos».

Jesús, rodeado de sus discípulos, ejemplifica para nosotros lo que es la iglesia: un grupo de personas que comparten la vida juntas mientras caminan con el Maestro.

«*Perdónanos nuestros* pecados, así como *hemos* perdonado *a los que pecan* contra *nosotros*».

«No permitas que *cedamos* ante la tentación».

«*Rescátanos* del maligno».

Desconoce, por completo, la oración que únicamente tiene como beneficiaria ¡a la persona que la eleva!

Para que los discípulos entiendan que esta perspectiva es esencial, Jesús le suma una observación:

---

[53] Mateo 6:9-13.

> En la oración hay un vínculo entre lo que Dios hace y lo que ustedes hacen. Por ejemplo, no pueden obtener el perdón de Dios sin perdonar también a los demás. Si se niegan a hacer su parte, no reciben lo que Dios tiene para ustedes.
>
> MATEO 6:14-15, BEM

Por esto el discípulo estará atento a lo que sucede en su propio corazón, para arrepentirse de actitudes que deshonren a su prójimo[54]. Entiende que estas indefectiblemente afectan su relación con Dios. Presta mucha atención a la advertencia que le deja el Señor:

> Si entran en su lugar de adoración y en el momento de hacer una ofrenda se acuerdan de un resentimiento que tiene un amigo contra ustedes, abandonen la ofrenda, salgan inmediatamente, vean a ese amigo y arreglen las cosas. Entonces, y solo entonces, vuelvan y arreglen las cosas con Dios.
>
> MATEO 5:23-24, BEM

Una actitud de dureza hacia el prójimo es inaceptable para los que han sido alcanzados por el escandaloso amor de Dios. Necesito a mi prójimo, sin embargo, para algo más que asegurar mi relación con el Padre. El apóstol Juan, testigo de las enseñanzas del Cristo, expone una incómoda verdad:

> Si alguien se jacta: «Yo amo a Dios», y sigue odiando a su hermano o hermana, sin darle importancia, es un mentiroso. Si no ama a la persona que puede ver, ¿cómo va a amar al Dios que no puede ver?
>
> 1 JUAN 4:20-21, BEM, *énfasis añadido*

---

[54] Mateo 5:21-22.

El texto revela que el espacio donde aprendemos a amar verdaderamente a Dios es en la comunidad de discípulos. Es decir, yo cultivo con mis hermanos las cualidades que necesito para amar a Dios, que es mucho más santo que cualquiera de las personas a mi alrededor. La mayoría de nosotros, no obstante, creemos que amar a Dios es mucho más sencillo que amar a la gente. De hecho, muchas veces he escuchado a personas decir: «No tengo ningún problema con Dios, pero tengo muchos problemas con la gente». Esta afirmación solamente se sostiene cuando caminamos con un Dios que aparentemente es mudo y está ausente, a quien le da lo mismo cualquier cosa que le ofrezcamos.

No existe manera de cultivar una relación con Dios sin demostrar exactamente el mismo compromiso hacia el prójimo.

Cuando el Señor comienza a interactuar con nosotros por medio de su Espíritu, sin embargo, comenzamos a descubrir que aun los pensamientos secretos de nuestros corazones deben ser examinados para una relación correcta con él. Esta es la razón por la que Jesús, en el Sermón del Monte, nos anima a prestar atención a lo que nadie presta atención.

Cometer adulterio no es acostarse con alguien que no es mi cónyuge; es jugar con la idea en mi cabeza[55].

Matar no es quitarle la vida a otra persona; es enojarse e insultar a otro[56].

Amar no es llevarse bien con los amigos; es orar por los enemigos[57].

Lo que pasa desapercibido para el prójimo no pasa desapercibido para el Señor.

Maravillosa armonía

Las primeras imágenes que emergen de la iglesia revelan cuán profundo ha sido el impacto de esta experiencia comunitaria. Pocos

55 Mateo 5:27-28.
56 Mateo 5:21-22.
57 Mateo 5:43-44.

días después de que Jesús ha ascendido al cielo, los discípulos reciben el cumplimiento de la promesa del Padre. La llegada del Espíritu se ve acompañada de dramáticas manifestaciones, las cuales Pedro busca explicar a la multitud que rápidamente se junta. El resultado, según el testimonio de Lucas, es que quienes creen «lo que Pedro [dice son] bautizados y sumados a la iglesia en [este] mismo día, como tres mil en total» (Hechos 2:41).

La forma en la que estas personas comienzan su peregrinaje espiritual resulta aún más llamativa que la manifestación del Espíritu en los discípulos:

> La armonía en la vida de los creyentes [es] maravillosa. ¡Lo [comparten] todo! [Venden] sus pertenencias y [juntan] sus recursos para satisfacer las necesidades de cada uno. Con mucho orden, todos los días [van] al templo. Luego [comen] juntos en las casas. Eso siempre [es] para ellos una celebración genuina y alegre, en la que [alaban] a Dios.
> HECHOS 2:43-47, BEM

En el capítulo dos, exploramos como el apóstol Pablo echa mano de una genial analogía, la del cuerpo humano, para explicar la dinámica que sostiene la experiencia de la iglesia[58]. Señala que una persona está compuesta de muchas partes, pero es una sola. Todas las partes funcionan en armonía para el bien de esa persona. De esta manera, por ejemplo, la mano colabora para alimentar a la boca; los pies, para trasladar a la cabeza; los ojos, para guiar a los pies. Es inconcebible que el ojo, la mano o el pie trabajen solamente para su propio beneficio, porque necesitan indefectiblemente de la ayuda de los demás miembros. Por esto, señala el apóstol, «ninguna parte es importante por sí misma. ¿Se imaginan que el ojo le dijera a la mano: "Vete; no te necesito"? ¿O que la cabeza le diga al pie: "Estás despedido; tu puesto fue eliminado"?» (1 Corintios 12:19-24, BEM).

---

58 1 Corintios 12:12-31.

Alineado con la perspectiva del apóstol Juan, Pablo nos sorprende con un llamativo detalle: «En efecto, en la práctica funciona al revés: cuanto menos "honrosa" parece la parte, más fundamental y, por tanto, más necesaria es» (12:19-24, BEM). Nuestro desconcierto se debe a que estamos acostumbrados a pensar que las partes más necesarias en la iglesia son las que más nos benefician. De esta manera, entonces, consideramos que el pastor es el más importante de todos porque es el que se ocupa de cuidarnos. Los líderes de los diferentes ministerios son también valiosos porque mantienen en movimiento los programas de la congregación.

Pablo, sin embargo, cree que las partes más necesarias son las que nos brindan las mejores oportunidades de aprender a amar. De esta manera, entonces, las personas débiles, desanimadas, frágiles e inseguras en la congregación son las que más nos pueden bendecir al aprender nosotros a ser con ellos tiernos y compasivos, como lo es nuestro pastor Jesús. Para considerarlos de esta manera, sin embargo, debemos aprender a mirar con otros ojos.

La disposición al sacrificio personal a favor del bien del prójimo es la más asombrosa manifestación de comunidad. La iglesia en estos primeros tiempos se alinea, con firme propósito, con la forma de vivir que han aprendido del mismo Señor. Jesús, «aunque era rico, por amor a ustedes se hizo pobre para que mediante su pobreza pudiera hacerlos ricos» (2 Corintios 8:9). Caminamos en sus pisadas cuando nuestro mayor interés es ver prosperar los propósitos de Dios para aquellos que son parte de nuestra comunidad de fe.

La disposición al sacrificio personal a favor del bien del prójimo es la más asombrosa manifestación de comunidad.

Comunidad modelo

Uno de los aportes fundamentales de Jesús para los discípulos es que él modela para ellos lo que es la vida en el reino. Tal como vimos en el capítulo cuatro, no se limita a hablar de los principios que gobiernan la vida de los discípulos, sino que demuestra cómo se manifiestan estas verdades cuando se practican. Cuando crea la iglesia, Jesús delega esa responsabilidad a sus discípulos, enviados de la misma manera que él ha sido enviado[59].

> Caminamos en sus pisadas cuando nuestro mayor interés es ver prosperar los propósitos de Dios para aquellos que son parte de nuestra comunidad de fe.

La comunidad que surge luego de Pentecostés impacta precisamente porque vive de una manera completamente diferente a la sociedad que la rodea. El apóstol Pablo, a su vez, se inspira en este modelo para animar a las congregaciones que pastorea a que asuman el mismo compromiso.

La iglesia en Tesalónica ofrece un notable ejemplo de este proceso. Pablo les recuerda, en su primera carta, que «nuestro evangelio no vino a ustedes solamente en palabras, sino también en poder y en el Espíritu Santo y con plena convicción; como saben qué clase de personas demostramos ser entre ustedes por el amor que les tenemos. Y ustedes llegaron a ser imitadores de nosotros» (1 Tesalonicenses 1:5-6, NBLA). Señala, de esta manera, que la proclamación de la verdad exige una presentación que sea tanto audible como visible. Debe incluir, además, espacios que faciliten poderosas manifestaciones de la obra del Espíritu, como se ha visto en la vida del Hijo.

Para que esto acontezca, es fundamental que las personas responsables sean ejemplo de vida. Será en ese marco que se producirá el contagio que conduce a la vida. El mismo apóstol les deja este ejemplo para que sigan sus pisadas: «Con sus propios ojos vieron —les recuerda— cuán discretos y corteses nos comportamos entre ustedes, con una viva sensibilidad hacia sus vidas; cual compañeros en la fe» (1 Tesalonicenses 2:9-12, BEM).

Este compromiso requiere de la misma perseverante paciencia que demuestra Cristo con los Doce, pues el proceso de asimilación es lento. Por esto Pablo asume hacia la iglesia una postura

[59] Juan 20:21.

de delicada ternura: «Con cada uno fuimos como un padre con su hijo, tomándolo de la mano, alentándolo y mostrándole paso a paso cómo vivir correctamente ante Dios, que nos llamó a su propio reino, a esta vida placentera» (2:9-12, BEM).

Esta función de la comunidad de la fe es absolutamente esencial. Cuando escuchamos proclamadas las verdades del reino, necesitamos que otros nos muestren cómo vivirlas. En el lenguaje de nuestros tiempos, la comunidad de fe se convierte en *mi tribu.* Ellos serán los que ejemplifiquen para mí cómo se llevan a la práctica las verdades del reino.

Cuando escuchamos proclamadas las verdades del reino, necesitamos que otros nos muestren cómo vivirlas.

De esta manera, por ejemplo, necesitamos no solamente *saber* que el perdón es un ingrediente importante de la vida espiritual, pero también requerimos que otros *nos muestren* cómo se practica el perdón en medio de las tensiones que son típicas en los grupos.

Es importante, por ejemplo, que *entendamos* que la generosidad es una de las características distintivas del pueblo de Dios, pero, además, necesitamos ser parte de una comunidad que, una y otra vez, *sea* abundante en sus expresiones de bondad hacia los demás.

De este modo, el impacto de la verdad llega por muchos caminos diferentes, tal como sucede con los Doce. Cuando esta dimensión esté ausente, sin embargo, cada uno de nosotros deberá descifrar, lo mejor que pueda, cómo llevar a la práctica las verdades que escuchemos proclamadas cada semana. La ausencia de personas que nos acompañen en este proceso generalmente lleva a que abandonemos nuestros intentos y optemos por seguir viviendo tal como lo hemos venido haciendo, porque nos resulta demasiado trabajoso tratar de practicar la verdad. Nuestro mayor problema no radica en la falta de enseñanza, sino en la falta de modelos que imitar.

Nuestro mayor problema no radica en la falta de enseñanza, sino en la falta de modelos que imitar.

Momento de quietud

Probablemente te haya inquietado la lectura de este capítulo porque nos presenta una imagen de la iglesia que guarda muy poca similitud con la iglesia que hoy nos rodea. Quisiera invitarte, no obstante, a que nos abstengamos de caer en una práctica común: la de señalar continuamente «lo que la iglesia debería hacer». Este hábito rara vez aporta a un cambio. Al contrario, tiende a afianzar en nosotros la inclinación hacia el resentimiento y la crítica. Ignora, además, que ¡la iglesia somos nosotros!

El principio del cambio siempre sucede cuando regresamos a la primera bienaventuranza que comparte Cristo en el Sermón del Monte: la pobreza de espíritu. Se trata, como he mencionado, de esa condición en la que nos duelen más nuestros propios desaciertos que las equivocaciones de otros. Es aquella actitud que nos lleva a exclamar: «Señor, que la renovación de tu pueblo comience primeramente en mi propia vida».

La influencia de Jesús en mi vida debe convertirme en *mejor* hijo, padre, hermano, esposo, amigo y vecino.

Movidos por el deseo de ser partes de la solución, y no el problema, quisiera sugerirte tres formas en las que podemos comenzar a incorporar una visión más sana de lo que significa ser una comunidad de fe.

1. Cuando la iglesia se orienta mayormente a entretener, en lugar de a hacer discípulos, las personas a mi alrededor son una molesta distracción porque no me dejan disfrutar de las actividades y de los programas que a mí me gustan. De esta manera, entonces, puedo llegar, por ejemplo, a pelearme con mis padres, mi esposo o mis amigos porque quiero asistir a más reuniones y ellos no me apoyan. Los considero un obstáculo a vencer en lugar de una oportunidad para crecer. Incluso puedo llegar a convencerme de que su oposición es parte de mi llamado a «¡sufrir por Cristo!».

En el reino, sin embargo, una de las metas principales del proceso de transformación es que crezcamos en nuestra capacidad de amar a los de nuestro alrededor. La influencia de Jesús en mi vida debe convertirme en *mejor* hijo, padre, hermano, esposo, amigo y vecino. De hecho, una de las señales de crecimiento en mi fe es que he logrado mejorar notablemente mis relaciones interpersonales. Por esto, podemos considerar a los de nuestro alrededor regalos que nos hace el Señor para desarrollar nuestra capacidad de cultivar paciencia, bondad y mansedumbre.

2. Si detuviéramos a alguna persona en la calle y le preguntáramos: «¿Qué es la iglesia?», de seguro nos hablaría de la institución. Para la vasta mayoría, la palabra *iglesia* es sinónimo de edificios, programas y liturgia. Y nuestro idioma lo refleja:

La iglesia es una sola, y tiene un solo Señor. La manifestación local de esa iglesia se llama congregación.

Vamos a la iglesia y, cuando llegamos a ella, preguntamos a qué hora comienza el programa.

Cuando identificamos nuestra congregación, lo hacemos en referencia al pastor: «Voy a la iglesia del pastor Juan», como si el pastor Juan fuera el dueño de esa congregación.

Cuando nos cansamos de lo que nos ofrece nuestra congregación, decidimos *cambiarnos de iglesia*.

Al hablar de una ciudad, señalamos que allí *hay muchas iglesias*.

Cuando nos referimos a amigos o parientes, mencionamos que ellos *van a otra iglesia*.

Si estamos contentos con nuestra comunidad, nos referimos a ella como *mi iglesia*.

El primer cambio hacia otra manera de vivir la iglesia llega cuando ajustamos nuestro idioma para que sea un fiel reflejo de las verdades de la Palabra. La iglesia es una sola, y tiene un solo Señor. La manifestación local de esa iglesia se llama congregación. Cuando asistimos a otra congregación, seguimos siendo parte de la misma, única iglesia que creó el Señor.

Al ser una comunidad, podemos aprovechar, entre otras cosas, las comodidades que ofrece un edificio, pero *nuestro edificio no es la casa de Dios*. Es simplemente un salón donde organizamos algunos encuentros. Cada vez que nos encontramos con otros, la iglesia está reunida, sea parte o no de un programa de la congregación. De esta manera, entonces, recuperamos la convicción de que la iglesia es ese espacio donde comparten juntos la vida los que son parte del pueblo de Dios, sea en una casa, en una caminata, en una reunión o al intercambiar una serie de mensajes por WhatsApp.

3. Necesito de la comunidad de fe, y la comunidad necesita de mí. Ellos enriquecen mi vida, y yo enriquezco la de ellos, mientras caminamos juntos. Esto, sin embargo, no sucede cuando estamos sentados en una reunión, como espectadores de un evento, sino cuando compartimos relaciones interpersonales dinámicas y desafiantes en el marco de la vida.

   El enemigo principal de esta experiencia es el egoísmo que se manifiesta como indiferencia. Para combatirlo, necesito esforzarme para salir de un espacio donde todo gira exclusivamente alrededor de mi persona. Las relaciones interpersonales no suceden por accidente. Se cultivan. Para eso debo tomar la iniciativa y salir de mi zona de confort. Lo que me motiva a emprender ese camino es la convicción de que mis hermanos son preciosos y tienen un aporte sin el cual no podré alcanzar la plenitud del proyecto del Señor para mi vida, ni podrán ellos alcanzarla en sus vidas sin mi aporte. Nos necesitamos los unos a los otros.

Mis hermanos son preciosos y tienen un aporte sin el cual no podré alcanzar la plenitud del proyecto del Señor para mi vida, ni podrán ellos alcanzarla sin mi aporte.

Te invito a que cierres el capítulo con una oración:

Señor, gracias por la genial propuesta que ofrece la iglesia. Gracias por tu compromiso de proveer una familia con la que podamos crecer en nuestra experiencia espiritual. Bendecimos la multifacética expresión de tu cuerpo y te pedimos que nos uses como modelos para mostrar cómo se vive cuando el amor es nuestra más alta prioridad. Queremos ser generosos con los que caminan con nosotros, insensibles a sus ofensas y rápidos para perdonarlos. Que tu Espíritu guíe nuestros pasos para que aprovechemos al máximo la experiencia de ser parte de tu iglesia. Amén.

ESCENAS DE CONTAGIO

Claudia había disfrutado, durante dos años, de ese primer enamoramiento que acompaña el abrir el corazón a Jesús. Durante las semanas más recientes, sin embargo, la había desconcertado una especie de pesadez en el corazón. Seguía orando, pero no podía evitar la sensación de que su relación con el Señor se había secado, la convicción de que algo se le había perdido. Con muchas lágrimas, convirtió esta confusión en un ruego, pidiendo al Señor que le mostrara qué es lo que sucedía en su vida.

Una mañana, mientras oraba, recordó a una tía con la que se había peleado unos meses antes. Sentía que el Señor la llamaba a visitarla para pedirle perdón por su actitud de enojo. Ni bien encontró un hueco en su agenda pasó por una florería, compro un ramo de flores y salió rumbo a la casa de su tía. Sin dar muchas explicaciones ni tratar de justificar su comportamiento, la abrazó y le pidió perdón. Fue un importante momento de reconciliación.

Cuando volvía a casa, se dio cuenta, repentinamente, de que ese pesar en su corazón había desaparecido. Fue la primera de muchas experiencias que le han enseñado que su relación con el Señor sufre por causa de los conflictos que no ha resuelto.

ESCENAS DE CONTAGIO

En 1985, el reconocido autor Henri Nouwen renunció a su puesto como profesor de Divinidades de la prestigiosa Universidad de Harvard. Había decidido incorporarse a una de las comunidades de la red L'Arche, una organización que trabaja con adultos que padecen discapacidades mentales. La experiencia obligó a Nouwen a descartar sus credenciales, su experiencia como conferencista y sus títulos universitarios para cultivar relaciones interpersonales con la comunidad, basadas exclusivamente en su capacidad de amar a otros.

A lo largo del camino, le asignaron acompañar a Adam Arnett, un hombre con pronunciadas discapacidades de aprendizaje. Nouwen descubrió, a través del desafío de esta relación, la profunda transformación que trae al corazón la experiencia de aprender a amar como Cristo ama. Se atrevió a afirmar que el gran beneficiario de la amistad que desarrollaron fue él mismo, pues lo obligó a cultivar actitudes de ternura, consideración y misericordia como nunca. Como fruto de esta experiencia, Nouwen dedicó los últimos diez años de su vida a ejercer, en medio de esta comunidad, su ministerio pastoral.

ESCENAS DE CONTAGIO

Durante los años en que mi esposa, Ruth, fue viuda, tomó la iniciativa de formar un grupo de viudas. Invitó a varias mujeres que habían pasado por experiencias similares a la de ella a integrarse a este espacio, un lugar para llorar, reír y crecer juntas. Para algunas, este grupo de amigas se convirtió en su comunidad de apoyo, las personas con las que podían abrir el corazón y también trabajar el desafío de reconstruir la vida.

Con el paso del tiempo, el grupo acompañó a algunas en la búsqueda de un nuevo compañero, mientras que otras solidificaron la relación haciendo juntas algunos viajes. Sin que se dieran cuenta, esta pequeña comunidad desarrolló las dinámicas necesarias para convertirse en algo más que un grupo de amigas. En ella, cada una de las partes se ocupaba de colaborar con las demás para la edificación de todo el grupo, una hermosa manifestación de la verdadera naturaleza de la iglesia.

CAPÍTULO 12

NO VOLVERÁ VACÍA

Cuando el apóstol Juan inicia el relato de su Evangelio, elige una brillante expresión para referirse a Jesús: el Verbo[60]. Acaba poniéndole nombre a lo que las Escrituras señalan acerca de las declaraciones de Dios. No son meras articulaciones filosóficas; su palabra posee vida y, por ende, movimiento, porque es una extensión de su mismo corazón. Engendra asombrosas alteraciones en los espacios donde la pronuncia, tal como señala el salmista:

> El SEÑOR tan solo habló
> y los cielos fueron creados.
> Sopló la palabra,
> y nacieron todas las estrellas.
>
> SALMO 33:6

60 Juan 1:1, NBLA.

Por medio del profeta Isaías, el mismo Señor compara su palabra con la lluvia que cae del cielo para colaborar con la germinación de la semilla que, a fin de cuentas, se convertirá en planta. Del mismo modo actúa sus declaraciones:

> Así será Mi palabra que sale de Mi boca,
> No volverá a Mí vacía
> Sin haber realizado lo que deseo,
> Y logrado el propósito para el cual la envié.
>
> ISAÍAS 55:11, NBLA

Esta Palabra no puede ser divorciada del corazón de quien la pronuncia. El vínculo es tan estrecho que Juan se aventura a una osada declaración: ¡«La Palabra era Dios»! (Juan 1:1). Esa misma Palabra se viste de humanidad para vivir entre nosotros[61]. El mundo accede, así, a algo mucho más profundo y transformador que una ideología elaborada por algunos pocos iluminados. Jesús camina entre nosotros y nos ofrece, en palabras y en obras, la más perfecta representación de la verdad, una vida completamente alineada con el corazón del Padre.

> Jesús camina entre nosotros y nos ofrece, en palabras y en obras, la más perfecta representación de la verdad, una vida completamente alineada con el corazón del Padre.

Esta Palabra, viva y eficaz, es el tercer elemento que provee Jesús para sus discípulos. Junto con el Espíritu y la comunidad, será el ingrediente que asegurará que ellos continúen, firmes, por el camino de la transformación, aun cuando él ya no esté físicamente presente entre ellos.

Tentado a abandonar

La Palabra es un componente tan fundamental en la vida de Jesús que lo primero que hace Satanás es buscar la forma de diluir su

[61] Juan 1:14.

compromiso con ella. Al salir al desierto luego de su bautismo, Jesús lleva en su corazón la palabra que el Padre ha declarado sobre su vida: «Este es mi Hijo, elegido y señalado por mi amor, deleite de mi vida» (Mateo 3:16-17, BEM).

En la primera prueba, sin embargo, el enemigo intenta seducirlo con una idea arraigada en nuestra humanidad: es más confiable edificar nuestra identidad sobre el *hacer* que sobre el *ser*. Por esto, lo invita a que demuestre su condición de hijo haciendo algo que despeje, de manera definitiva, cualquier duda que pueda existir al respecto. Jesús, sin embargo, descarta por completo la necesidad de una demostración: «Se necesita más que pan para vivir. Necesitamos cada palabra que sale de la boca de DIOS" (Mateo 4:4, BEM). Las palabras que Jesús ha escuchado son las que definen su identidad. Su certeza de que es amado y aprobado lo libra de la necesidad de salir a hacer cosas para ganarse el favor del Padre. Indica, de esta manera, que no existe evidencia más contundente que apelar a lo que Dios mismo ha declarado.

Poder desatado

Jesús procede a incorporar el poder de esta Palabra en su ministerio. Cuando aquellos cuatro amigos bajan al paralítico a la presencia de Jesús, él le dice: «¡Ponte de pie, toma tu camilla y vete a tu casa!» (Marcos 2:11). Ante el asombro de los que están allí reunidos el paralítico hace exactamente lo que se le ha ordenado. Del mismo modo, Jesús le pone fin al tormento del endemoniado de Gerasa con simples palabras[62]. Así también sucede con la hija de Jairo, quien ha fallecido durante la espera a que Jesús llegue a sanarla[63]. Jesús la toma de la mano y le habla: «¡Niña, levántate!» (5:41). En ese mismo instante, ella vuelve a la vida y se incorpora[64].

62 Marcos 5:8, 12-13.
63 Marcos 5:35.
64 Marcos 5:42.

Ninguna persona entiende con tanta claridad el poder de la palabra como el centurión que intercede ante Jesús por un criado enfermo. El Señor, siempre compasivo, se ofrece para ir a orar por esta persona. El oficial protesta: «Señor [...], no soy digno de que entres en mi casa. Tan solo pronuncia la palabra desde donde estás y mi siervo se sanará» (Mateo 8:8). El centurión, experimentado en las dinámicas que sustentan la vida militar, sabe que cuando un superior habla, los de abajo deben alinearse con esas palabras. Del mismo modo, entiende que cuando el Hijo de Dios habla, las personas y la creación deben alinearse con sus declaraciones. Mateo señala que Jesús se asombra porque pocas veces se ha cruzado con alguien que posea tanta claridad sobre las dinámicas espirituales que giran en torno a la Palabra.

Los discípulos son testigos, una y otra vez, de dramáticas escenas como estas. Aterrados por aquella feroz tormenta que amenaza con hundir su barco, despiertan a Jesús. Él, puesto en pie, manda «callar al viento y le [dice] al mar: "¡Silencio! ¡Cálmate!". El viento se [queda] sin aliento; el mar se [tranquiliza]» (Marcos 4:39-40, BEM). Los discípulos, atónitos, exclaman: «¡Hasta el viento y las olas lo obedecen!» (4:41). Más adelante, cuando los Doce le traen a Jesús apenas cinco panes y dos peces para alimentar a una enorme multitud, Jesús los toma y da gracias por la comida. Cuando acaba de orar, ¡se han multiplicado![65]

Limpios

La Palabra, en boca de Jesús, no altera solamente realidades físicas. Ella también es, en las palabras del autor de Hebreos, más punzante que una espada de doble filo, esa arma mortal que usaban los romanos en combate cuerpo a cuerpo.

[65] Mateo 14:13-21.

> Su palabra poderosa es cortante como el bisturí de un cirujano, atraviesa todo, ya sea duda o defensa, exponiéndonos para escuchar con atención y responder con obediencia. Nada ni nadie puede resistirse a la palabra de Dios. No podemos escapar de ella, pase lo que pase.
>
> HEBREOS 4:12-13, BEM

Este efecto es el medio que emplea el Señor para purificar a los Doce. Compara sus vidas con ramas en una vid. El Padre, señala, «corta de mí toda rama que no da uvas. Y toda rama que da uvas la poda para que produzca aún más. Ustedes ya han sido limpiados por el mensaje que he hablado» (Juan 15:1-3, BEM). La necesidad de ser podados, sin embargo, continuará a lo largo de la vida porque siempre se encontrarán combatiendo las impurezas que deja el pecado en el alma. Por esto, el Señor ora para que esa obra continúe: «Santifícalos en la verdad; Tu palabra es verdad» (Juan 17:17, NBLA).

El apóstol Pablo echa mano de este concepto cuando le escribe a Timoteo:

> En una cocina bien amueblada no solo hay copas de cristal y bandejas de plata, también hay cubos de basura y baldes de abono; algunos recipientes se utilizan para servir comidas exquisitas, otros para sacar la basura. Conviértete en el tipo de recipiente que Dios puede utilizar para presentar todos y cada tipo de regalos a sus invitados; para bendecirlos.
>
> 2 TIMOTEO 2:20-21, BEM

Solamente ajustando nuestras vidas a los parámetros que establece la Palabra lograremos ser recipientes limpios y útiles en las manos del Señor: personas a través de las cuales puede fluir el Espíritu para tocar los corazones de los demás.

Solamente ajustando nuestras vidas a los parámetros que establece la Palabra lograremos ser recipientes limpios y útiles en las manos del Señor.

Jesús enfatiza los dramáticos efectos transformadores de la Palabra cuando dice a los Doce: «El Espíritu puede dar vida. Los músculos y la fuerza de voluntad no hacen que nada suceda. Cada palabra que les he hablado es espíritu y, por lo tanto, es vida» (Juan 6:61-65, BEM). Pablo amplía esta afirmación cuando señala:

> Cada parte de la Escritura es inspirada por Dios y útil de una manera u otra; nos muestra la verdad, manifiesta nuestra rebelión, corrige nuestros errores, nos entrena para vivir a la manera de Dios. A través de la palabra somos formados y moldeados para las tareas que Dios tiene para nosotros.
>
> 2 TIMOTEO 3:14-17, BEM

Momento de quietud

Una de las alarmantes tendencias de esta generación, adicta a las redes sociales, es que ha abandonado la lectura de la Palabra. En lugar de esto, se han convertido en insaciables consumidores de la interminable sucesión de frases que comparten sus amigos y los influyentes, frases que suenan bonitas pero que carecen de poder para transformar. Esta preocupante tendencia nos roba de una de las herramientas más valiosas que tenemos para conocer el corazón de nuestro Dios y entender cómo es la vida en el reino. La ironía es que este proceso se produce en el momento de la historia en el que más acceso a la Palabra tenemos.

Caminar sin la Palabra es como salir a la calle con los ojos vendados. ¿Cómo podremos distinguir entre lo bueno y lo malo si no tenemos punto de referencia en la vida? «Lámpara es a mis pies Tu palabra, y luz para mi camino», declara el salmista (Salmo 119:105, NBLA). Nos convertimos en presa fácil para el enemigo cuando andamos en ignorancia.

Por esto, es bueno que nos detengamos aquí y afirmemos juntos: si Dios se ha comprometido a hablarnos, es porque necesitamos escuchar lo que nos dice. Darle la espalda es un acto de increíble desprecio, por lo que nos unimos a Pedro para decirle: «Maestro, ¿a quién iremos? Tú tienes palabras de vida real, de vida eterna. Ya nos hemos comprometido, seguros de que tú eres el Santo de Dios» (Juan 6:68-69, BEM).

Perdona, O Dios, nuestra ignorancia, la soberbia de creer que nos la podemos arreglar solos en la vida sin tu Palabra. Todas las veces que escaseó en Israel la Palabra, el pueblo descendió hacia el caos. No queremos transitar por ese camino, pero la cultura que nos rodea intenta convencernos de que tu Palabra es anticuada, irrelevante por estar pasada de moda. Nosotros rehusamos creer esto, porque es la expresión de tu corazón, y tu corazón nunca se vuelve obsoleto. Queremos comprometernos a volver a echar raíces en tu Palabra para que ella realice en nuestras vidas la transformación que tanto anhelamos. Amén.

Más que creer

El efecto transformador de la Palabra no se desata por el mero ejercicio de escuchar a Jesús. Si fuera por esto, las multitudes se hubieran convertido en fieles seguidores de él. De la misma manera, la iglesia hoy estaría repleta de asombrosos discípulos, pues ninguna generación ha tenido acceso a tantos estudios, tantas prédicas y tantas conferencias como la nuestra. Para disfrutar de ellas, ni siquiera necesitamos movernos de casa, pues innumerables plataformas digitales las acercan a la comodidad de nuestro hogar o mientras andamos por la calle.

> Si Dios se ha comprometido a hablarnos, es porque necesitamos escuchar lo que nos dice.

El Señor advierte continuamente sobre el peligro de no sumarle acciones concretas a la Palabra:

Amonesta a la multitud: «Si solo usan mis palabras en los estudios bíblicos y no las ponen en práctica en su vida, serán como un constructor necio que edificó su casa en la playa, sobre la arena» (Mateo 7:26-27, BEM).

Corrige a una mujer que, entusiasmada, declara bendito el vientre que lo ha engendrado. Más bendito, señala el Señor, es «todo el que escucha la palabra de Dios y la pone en práctica» (Lucas 11:28).

Una y otra vez, advierte a los discípulos sobre el peligro de una espiritualidad parecida a la de los fariseos, «pues no hacen lo que enseñan» (Mateo 23:1-3, BEM).

En otra ocasión, le habla sobre el tema a muchos en la multitud que han creído en él: «Si ustedes permanecen en Mi palabra, verdaderamente son Mis discípulos; y conocerán la verdad, y la verdad los hará libres» (Juan 8:31-32, NBLA).

La diferencia entre un discípulo y un creyente no radica, precisamente, en el entusiasmo con el que reciben la Palabra. Ambos se emocionan al escuchar la verdad, pero el discípulo escoge sumarle a esta pasión el compromiso a esforzarse por convertir esa palabra en regla de vida. Este compromiso lo salvará del mal crónico del creyente, que es el olvido.

> No se engañen ustedes mismos pensando que son buenos oyentes cuando en realidad hacen caso omiso a la palabra, les entra por un oído y les sale por el otro. ¡Actúen en consecuencia con lo que escuchan! Los que oyen y no obedecen son como los que se miran en el espejo, se alejan y dos minutos después no tienen ni idea de quiénes son ni de qué aspecto tienen.
>
> SANTIAGO 1:22-24, BEM

Pablo, un hombre que ha estudiado más a fondo las Escrituras que la vasta mayoría de nosotros, nos advierte: «El simple hecho de escuchar la ley de Dios es una pérdida de tiempo si no hacen lo que él manda. Hacer, no oír, es lo que marca la diferencia con Dios (Romanos 2:12-13, BEM). Es este paso hacia la acción el que el enemigo quiere, a toda costa, evitar. No tiene ningún problema con que escuchemos todo el día enseñanzas sobre la Palabra. El que creamos no le preocupa, pues, como señala uno de los discípulos, aun los demonios creen y tiemblan[66]. Cuando nos disponemos a alinear nuestro comportamiento y nuestras actitudes con las verdades del reino, sin embargo, el poder transformador de la Palabra se libera en nuestras vidas.

> El efecto transformador de la Palabra no se desata por el mero ejercicio de escuchar a Jesús.

Esto, según Jesús, produce tres asombrosos resultados en nosotros: somos verdaderos discípulos, conocemos la verdad y la verdad nos hace libres.

El uso del adjetivo verdadero es una clara indicación de que muchos en la multitud parecen ser discípulos, pero no lo

[66] Santiago 2:19.

son. Demostramos ser discípulos no con la cabeza, sino con la vida: «Cuando producen mucho fruto, demuestran que son mis verdaderos discípulos. Eso le da mucha gloria a mi Padre» (Juan 15:8).

La segunda consecuencia sorprende. Solemos suponer que conocer la verdad es el paso previo a creer. En el reino, sin embargo, solamente parte de la verdad se puede entender por medio del intelecto. El valor y la eficacia de esa verdad se comprueban exclusivamente a través de la experiencia. Por ese camino, a su vez, se accede a nuevas revelaciones que Jesús no comparte con las multitudes, pues «los secretos del Señor son para los que le temen, y Él les dará a conocer Su pacto» (Salmo 25:14, NBLA).

Demostramos ser discípulos no con la cabeza, sino con la vida.

Esta verdad se cumple en la vida de los Doce. A lo largo del camino, el Señor ha compartido con ellos cosas nuevas y ocultas que no han, hasta ese momento, escuchado[67]. El resultado de este proceso, a su vez, es que su relación con Jesús ha cambiado. «Ya no los llamaré sirvientes —les dice— porque los sirvientes no entienden lo que su amo está pensando y planeando. No, los he llamado amigos porque les he contado todo lo que he oído del Padre» (Juan 15:11-15, BEM).

La tercera consecuencia es la que con mayor frecuencia delata que no somos discípulos: la libertad del pecado. En nuestras comunidades, somos muchos lo que podemos dar, con alguna aptitud, cátedra acerca de las diferentes verdades de la Palabra. Tristemente, somos también las mismas personas las que arrastramos por años los malos hábitos que nos han caracterizado toda la vida. No hemos logrado convertir la Palabra en ese maravilloso instrumento de transformación que solamente llega por el camino de la práctica.

[67] Isaías 48:6.

Si me aman

La escena del lavamiento de los pies deja en claro que expresarle devoción al Señor es mucho más fácil que obedecerlo. Pedro, arrastrado por su propio entusiasmo, declara que, de ser necesario, está dispuesto a dar su vida por el Señor; y el resto del grupo se une a este sentimiento[68]. Jesús, sin embargo, quiere que entiendan que una acción vale más que mil palabras: «Quien conoce mis mandamientos y los guarda, ese es el que me ama» (Juan 14:21, BEM).

> Expresarle devoción al Señor es mucho más fácil que obedecerlo.

Jesús vuelve, una y otra vez, a resaltar la importancia de esta verdad: vivir en obediencia. No quiere que olviden la pregunta punzante que lanzó en el Sermón del Monte: «¿Por qué son tan amables conmigo y siempre dicen: "Sí, Señor" y "Está bien, Señor", pero nunca hacen nada de lo que les digo?» (Lucas 6:46-47, BEM). Ahora, poco antes de partir, les recuerda: «Si me aman, demuéstrenlo haciendo lo que les he dicho» (Juan 14:15-17, BEM).

Este compromiso trae asombrosos beneficios, una amplitud de favor en los lugares celestes a la que no pueden acceder por ningún otro camino: «Si están conmigo y mis palabras están en ustedes, pueden estar seguros de que todo lo que pidan será escuchado y se les concederá» (Juan 15:5-8, BEM).

La obediencia, además, abre camino a esa preciosa intimidad que es, precisamente, el disparador de una vida por contagio: «Si alguien me ama, guardará Mi palabra; y Mi Padre lo amará, y vendremos a él, y haremos con él morada» (Juan 14:23, NBLA). El compromiso de vivir conforme a los principios del reino prepara el ambiente para momentos de asombrosa intimidad con el Padre y con el Hijo, ese espacio del cual salimos ¡con el rostro resplandeciente!

> Cuando abrimos las Escrituras, salimos al encuentro del Dios que se quiere dar a conocer.

---

[68] Mateo 26:35.

Momento de quietud

¿Cómo podemos recuperar una relación dinámica con la Palabra? Entiendo que, quizás, te hayas desanimado porque la Palabra ha dejado de ministrarle a tu corazón. Debemos recordar que el problema no radica en las Escrituras, sino en la forma que nos acercamos a ellas.

Quisiera ayudarte compartiendo algunos principios que pueden colaborar para desarrollar una nueva dinámica al interactuar con la Palabra.

1. Habrás entendido, en este capítulo, que no es la cantidad de texto que lees lo que marca la diferencia en tu vida. Al contrario, cuando intentamos abarcar pasajes demasiado extensos, es fácil perderse de los detalles relevantes. Te aliento, entonces, a que te pongas como meta *leer menos y profundizar más*.

2. Leer la Palabra no es una meta, sino un medio para un fin. El Señor denuncia a los fariseos por su falta de percepción cuando les dice: «Ustedes tienen sus cabezas en sus biblias constantemente porque piensan que encontrarán la vida eterna allí; pero se enfocan tanto en los detalles que menosprecian lo verdaderamente valioso. ¡Todas estas Escrituras hablan de *mí*!» (Juan 5:39-40, BEM).

   Cuando abrimos las Escrituras, salimos al encuentro del Dios que se quiere dar a conocer. Mi interacción con la Palabra debe conducirme más allá del análisis, la reflexión y el estudio a una conexión, viva y real, con el corazón del Señor.

3. El ejercicio de leer la Palabra debe ser, como todas las actividades en la vida, guiado por el Espíritu. La advertencia de Pablo —«la letra mata, pero el Espíritu da vida»[11]— no es, como interpretan algunos, una invitación a abandonar el estudio, sino a realizarlo de la mano del Espíritu. Él es el que abre el entendimiento

[11] 2 Corintios 3:6, NBLA.

y trae revelación al corazón. Toma la letra impresa y la convierte en letra viva. En ocasiones, tendremos la sensación de que algo nos quiere decir él más allá de lo que leemos. Será necesario, en ese momento, que nos detengamos a escuchar en lugar de insistir con la lectura.

El apuro es el enemigo de aquel que busca conocer mejor al Señor.

4. Muchos de los tesoros más preciosos de la Palabra solamente se descubren con el tiempo. El apuro es el enemigo de aquel que busca conocer mejor al Señor. Ocasionalmente, sentirás que el Señor, como la columna de nube con los israelitas, se detiene en un pasaje.

   En este momento, le sumarás a tu lectura el ejercicio de meditar. Tal como señala el salmista, no es bienaventurada la persona que lee la ley, sino la que medita en ella de día y de noche[12]. Se refiere al proceso de seguir dándole vueltas a una verdad en la cabeza y en el corazón, buscando mayor comprensión.

   No obligues al texto a entregarte su significado. Espera, paciente, a que el Señor traiga, en el momento oportuno, mayor revelación.

Siempre que puedas, busca la forma de definir, en términos prácticos, de qué manera pondrás por obra la verdad que te ha mostrado en tu lectura.

5. Nuestra interacción con la Palabra nunca termina cuando cerramos la Biblia o la aplicación o cuando llega a su fin la clase o el sermón. Apenas hemos dado el primer y modesto paso hacia el objetivo principal, que es cementar esa verdad con una acción. Para que esto suceda, es importante, frente a cada pasaje, que nos preguntemos qué desea el Señor decirnos y cuáles

[12] Salmo 1:2.

son los cambios que deberían producirse en nosotros si elegimos poner por obra esa Palabra.

En esto, te animo a que seas lo más práctico posible. Es bueno que arribes a la conclusión, por ejemplo, de que el Señor quiere que ames más. Es mucho más rico, sin embargo, que te acerques a una persona con la que tendrás que practicar esta clase de amor. Es bueno, por ejemplo, que entiendas que debes ser más generoso. Es aún mejor que el Señor te indique a quién puedes bendecir con una ofrenda específica.

Siempre que puedas, busca la forma de definir, en términos prácticos, de qué manera pondrás por obra la verdad que te ha mostrado en tu lectura.

6. La verdad es que nos sobran herramientas para entender y conocer mejor la Palabra. El talón de Aquiles de la iglesia, sin embargo, es nuestra lamentable falta de compromiso de llevar la Palabra a nuestros hogares, a nuestros barrios y a nuestros lugares de trabajo.

   Quisiera animarte, en el marco de todo lo que he compartido hasta ahora, a que prestes más atención a lo que sucede cuando *no* estás leyendo la Palabra o participando de una actividad para aprender más de ella. Es en los espacios desordenados de la vida cotidiana que se dan las mejores oportunidades para practicar la verdad. Allí queremos ser hallados fieles. No cometas el error de creer que solamente ciertos momentos de la vida son espirituales.

7. La forma más común en la que el Espíritu guía nuestras vidas es ayudándonos a recordar. La misión que se le encomienda, señala Jesús, es clara: «Él les enseñará todo y les recordará cada cosa que les he dicho» (Juan 14:26).

   Aquí sirve recordar también la confesión del salmista: «He guardado tu palabra en mi corazón, para no pecar contra ti» (Salmo 119:11). La Palabra depositada allí, como hemos visto, solamente bendecirá en el momento en el que la convirtamos en acción. El momento ideal para hacerlo, sin embargo, lo conoce el Espíritu. En el instante en el que atravesemos esa situación, el Espíritu sacará a la luz esa verdad guardada y nos recordará nuestro compromiso a obedecerla. Ahora nosotros, en obediencia, no tendremos más opción que actuar conforme a las indicaciones del Espíritu y comenzar a cosechar las bendiciones que trae el andar en obediencia.

Escribir este capítulo ha sido una experiencia intensa. De a ratos, me quebré, pensando en la forma en que hemos ignorado, una y otra vez, la Palabra que el Señor ha hablado a nuestras vidas. Varias veces, tuve que detenerme para pedirle perdón. No obstante, también me atreví a clamar por una nueva época, un maravilloso avivamiento como el que se produjo en la época de Nehemías. Durante más de 150 años, no se había leído en Jerusalén la Palabra de Dios. El día que volvieron a hacerlo, el pueblo celebró, eufórico, que habían recuperado algo que los distinguía de todos los demás pueblos: la Palabra de Dios.

¡El Señor lo vuelva a hacer en nuestros tiempos!

ESCENAS DE CONTAGIO

Cuando comencé a asistir al Instituto Bíblico, incorporé muchas nuevas herramientas para el estudio de la Palabra. No había, en ese entonces, acceso a internet, por lo que también comencé a comprar libros que me ayudarían a entender mejor el texto: un léxico, un diccionario, comentarios bíblicos, un diccionario temático, una enciclopedia y una concordancia. Muy pronto, la mesa en la que me sentaba para estudiar la Palabra se vio desbordada de libros abiertos, los cuales consultaba a medida que intentaba entender mejor un texto.

Una mañana, me di cuenta de una tendencia preocupante: pasaba tanto tiempo estudiando la Palabra que no me quedaba tiempo para hablar con Dios acerca de las verdades que descubría. Invertía todo mi tiempo en desmenuzar los detalles de cada pasaje, con la esperanza de arribar a una mejor comprensión de la verdad. A lo largo del camino, sin embargo, estaba perdiendo mi conexión con el Señor.

También comencé a notar que delataba, en mis conversaciones, cierta presunción, como si mi mucho estudio me hubiera convertido en una eminencia sobre algunos temas. De hecho, mi diligencia en estudiar la Palabra me estaba alejando del espíritu manso y humilde que debe caracterizar a los que caminan con el Señor.

En ese momento, entendí que el estudio, en realidad, debía conducirme en una dirección enteramente diferente. Con el estudio, la grandeza insondable del Señor debía ser cada vez más aparente. El resultado de mis exploraciones debía, en lugar de producir certezas, despertar nuevas preguntas. La observación del texto debía, siempre, llevarme a exclamar: «¡Oh, profundidad de las riquezas y de la sabiduría y del conocimiento de Dios! ¡Cuán insondables son Sus juicios e inescrutables Sus caminos!» (Romanos 11:33, NBLA)

Para no quedarme atrapado en el análisis del texto, decidí hacer un cambio. Ahora, suelo primero acercarme al Señor para conversar con él. Luego de un tiempo de alabanza e intimidad, abro la Palabra. Esto me ayuda a recordar que estar conectado con el Dios de la Palabra es tan importante como estar conectado con la Palabra de Dios.

CAPÍTULO 13

ASÍ TAMBIÉN LOS ENVÍO

Los discípulos siguen intentando descifrar el significado de los confusos relatos que han llegado sobre la Resurrección cuando Cristo mismo se aparece en medio de ellos. Reaccionan con pavor, pues todas las puertas del lugar están cerradas. Jesús, sin embargo, les dice: «La paz sea con ustedes», y les muestra las manos y el costado para que sepan que realmente es él (Juan 20:19-20). En medio del profundo gozo que ahora siente, Jesús les da una comisión: «Como el Padre me envió a mí, así yo los envío a ustedes» (20:21).

Esta sencilla frase dispara, automáticamente, una pregunta: *¿De qué manera envió el Padre a Jesús?* La respuesta es fundamental porque provee para sus discípulos orientación acerca de dónde poner el énfasis a la hora de avanzar con la tarea de seguir extendiendo el reino. Sospecho, sin embargo, que los Doce entienden mejor que nosotros a qué se refiere el Señor, pues han sido testigos de su vida durante tres largos años; y ahora, deben imitar lo que han visto y oído.

En este libro, he intentado también acercarme a una respuesta. Hemos buscado entender de qué manera anda Jesús durante los años de su peregrinaje terrenal. Identificamos algunas de las dinámicas que son parte de la forma en la que vive, las cuales favorecen este proceso misterioso de transformación, *vida por contagio*. A lo largo del camino, espero haber reavivado el anhelo de tu corazón por experimentar una conexión más vital y desafiante con el Señor. Espero que te atrevas a explorar nuevas formas de vivir a Cristo en tu vida cotidiana.

Ahora, me gustaría que el camino que hemos recorrido termine de la misma manera que comenzó, acercándonos a la persona de Jesús. Me aferro a la convicción de que la respuesta a aquella pregunta —*¿De qué manera envió el Padre a Jesús?*— se refiere mucho más a lo que él *es* que a las obras que *realiza*. Las convicciones y los valores que el Señor cultiva en el ámbito escondido de su corazón son lo que, a fin de cuentas, lo convierten en la extraordinaria figura que observamos en los espacios públicos del ministerio.

Las convicciones y los valores que el Señor cultiva en el ámbito escondido de su corazón son lo que, a fin de cuentas, lo convierten en la extraordinaria figura que observamos en los espacios públicos del ministerio.

A ese Jesús queremos acercarnos en este capítulo.

Cuatro cánticos

El profeta Isaías ofrece una de las más singulares miradas del corazón de Jesús. Lo hace por medio de una profecía que anuncia la venida del Mesías y los cuatro textos identificados como los cánticos mesiánicos[69]. Lo llamativo de estos pasajes es que describen no solamente la misión del Siervo del Señor, sino el particular estilo con el que la llevará adelante. Gran parte de esta descripción gira en torno al corazón que caracteriza al Mesías durante su peregrinaje terrenal.

[69] Isaías 42:1-9; 49:1-7; 50:4-9 y 52:13–53:12

Isaías resalta, como hemos visto, que el Espíritu es un socio pleno en la vida de Jesús. Compara al Cristo con una flecha guardada en la aljaba y reservada para el momento en el que el Señor aseste a la serpiente el golpe mortal profetizado en el jardín de Edén[70].

A lo largo de la vida, el Señor evitará formar opiniones basadas en la apariencia o en lo que otros puedan decir de las personas con las que él se cruza. Más bien, apelará al discernimiento para mirar al corazón, ese lugar escondido que, con frecuencia, contradice lo que ven los ojos. Lo que percibe allí será fundamental a la hora de traer verdadera justicia para los necesitados[71].

A este espíritu de discernimiento Cristo le suma un corazón tierno y manso. No intenta cambiar a las personas a los gritos, ni manipula a las multitudes para que tomen la decisión que él quiere. Más bien, se mueve con un espíritu sensible y compasivo, interactuando con delicadeza y con respeto, especialmente entre los olvidados, los abandonados, los despreciados y los más golpeados por la vida. Donde otros miran con indiferencia, el Señor busca sanar, con el bálsamo de su amor, a los quebrantados de corazón[72].

El Señor lidia, todo el tiempo, con la obstinación y la lentitud de las personas en responder a las iniciativas de Dios. Se ve rodeado de constantes cuestionamientos. Y, con el paso del tiempo, la oposición hacia su persona se vuelve cada vez más extrema. Pero no esconde su rostro, aunque es el blanco permanente de censura, burlas, reproches y reprensiones. La tenaz perseverancia es la actitud que caracteriza su proceder: «No vacilará ni se desalentará hasta que prevalezca la justicia en toda la tierra» (Isaías 42:4).

Su convicción de que el Padre lo acompaña, a cada paso del camino, le permite darle la espalda al miedo a ser avergonzado. «Por

[70] Génesis 3:15; Isaías 49:2.
[71] Isaías 11:1-4.
[72] Isaías 42:1-9.

lo tanto —declara—, he puesto el rostro como una piedra, decidido a hacer su voluntad. Y sé que no pasaré vergüenza» (Isaías 50:7).

Pastor perfecto

El espíritu pragmático con el que solemos abordar la vida ha llevado a que, en la iglesia, elevemos el valor de la cruz por encima de otros aspectos en la misión de Jesús. Es la muerte de Cristo sobre el madero la que resuelve, a fin de cuentas, el dilema que impide una relación con Dios.

Si este es el único objetivo de la misión del Hijo de Dios, sin embargo, no es necesario que Jesús llegue treinta y tres años antes de aquel nefasto suceso. Alcanzaría con que se hiciera presente unas semanas antes, ofreciendo morir en nuestro lugar y, así, pagar nuestra deuda. El problema es que esta mirada tiende a ignorar que Jesús ha sido llamado también a cumplir una función sacerdotal: a ser nuestro Pastor. Su función es también guiarnos a lugares de delicados pastos y conducirnos junto a aguas de reposo[73]. Una vez que haya resucitado, este será, de hecho, uno de sus roles principales.

El autor de Hebreos nos sorprende al referirse a esta función, pues declara: «Aunque era Hijo de Dios, Jesús aprendió obediencia por las cosas que sufrió. De ese modo, Dios lo hizo apto para ser el Sumo Sacerdote perfecto, y Jesús llegó a ser la fuente de salvación eterna para todos los que le obedecen» (5:8-9). La frase es llamativa porque, en nuestra cultura, la perfección se refiere a un estado en el que alguien no posee errores, defectos o fallas. Nos cuesta entender cómo puede llegar Jesús a ser perfecto cuando es, efectivamente, un hombre «tentado en todo como nosotros, pero sin pecado» (Hebreos 4:15, NBLA).

La perfección en el reino, sin embargo, se refiere a ese estado

[73] Salmo 23:2.

en el que una vida se alinea completamente con el propósito de Dios. Por esto declara Pablo que el objetivo de todo lo que hace es poder presentar a toda persona perfecta en Cristo[74]. Es decir, que cada persona se vea encaminada hacia vivir la vida para la cuál fue diseñada.

> La perfección en el reino se refiere a ese estado en el que una vida se alinea completamente con el propósito de Dios.

Este proceso de formación en Jesús, entonces, se refiere a desarrollar en él la capacidad de desempeñar a la perfección su rol de Sumo Sacerdote. Para esto será necesario un conocimiento minucioso y acabado de la realidad que acompaña nuestra humanidad. La adquiere de primera mano, viviendo entre nosotros, haciendo suya toda la variedad de experiencias por las que también atravesamos nosotros.

Escuela de sufrimiento

El medio que usó el Padre para facilitar este proceso es el sufrimiento. La experiencia es la que impulsa al profeta Isaías a describir al Mesías como «varón de dolores y experimentado en aflicción» (Isaías 53:3, NBLA). La aflicción no proviene exclusivamente de las implacables agresiones y los violentos ataques que sufre. Es también el fruto de poseer un corazón compasivo que siente, como si fuera en carne propia, los dolores y las angustias de los que lo rodean. Por esto, «cuando [mira] a las multitudes, se le [oprime] el corazón. [Están] tan confundidos y sin rumbo, como ovejas sin pastor» (Mateo 9:35-38, BEM). Del mismo modo se conmueve al acercarse a Jerusalén: «Jesús [ve] la ciudad delante de él y [comienza] a llorar», superado por la tristeza que le produce percibir el destino de sus habitantes (Lucas 19:41).

El compromiso de vivir en los mismos espacios que las personas que desea rescatar le permite a Jesús comprender su realidad. Lo

74 Colosenses 1:28.

expone a la gama completa de experiencias que son comunes a toda la humanidad: las alegrías, las frustraciones, los sueños, los dolores, las esperanzas y las decepciones que resumen lo que es nuestro paso por este peregrinaje terrenal.

Pasar por esta experiencia es lo que le permite al Señor cumplir, con creces, el rol que se le ha asignado:

> Tuvo que experimentar todos los detalles de la vida humana. De manera que, cuando se presentara ante Dios como sumo sacerdote para quitar los pecados de las personas, ya lo habría vivenciado todo él mismo, todo el dolor, todas las pruebas, y sería capaz de socorrer a los necesitados.
>
> HEBREOS 2:16-18, BEM

El sufrimiento además capacita a Jesús para cumplir hacia nosotros su función de intercesor[75]. El conocimiento acabado de lo que implica *ser* humano confirma que «no es un sacerdote que desconoce nuestra realidad; él ha pasado por la debilidad y la tentación, lo ha experimentado todo, excepto el pecado. Así que, acerquémonos a él y recibamos lo que está dispuesto a darnos» (Hebreos 4:14-16, BEM).

---

[75] Hebreos 7:25.

Momento de quietud

El libro de Isaías es, a mi entender, el Evangelio del Antiguo Testamento. Ofrece preciosas imágenes del corazón misericordioso y bueno del Señor, pero también describe, en términos magníficos, su extraordinaria grandeza y su temible santidad. Si nunca te has tomado el tiempo para conectarte con el Señor a través de este libro, quisiera animarte a que lo hagas, quizás usando como punto de partida los cánticos mesiánicos que he mencionado.

El texto que te comparto ahora es parte del cuarto cántico, un pasaje profundamente conmovedor. Aquieta tu espíritu y luego lee, con un oído atento al Espíritu, el pasaje.

> El siervo creció ante Dios: como el tierno brote de una plantita,
> una planta insignificante en un campo árido.
> No había nada atractivo en él,
> nada que nos hiciera mirarlo con detenimiento.
> Fue menospreciado y pasado por alto,
> un hombre que sufrió, que conoció el dolor en sí mismo.
> Desviamos la mirada de él y le dimos la espalda.
> Lo despreciamos, pensamos que era escoria.
> Sin embargo, él cargo *nuestros* dolores,
> nuestros defectos, todo lo malo que había en *nosotros*.
> Pensamos que lo merecía,
> que Dios lo estaba castigando por sus propios fracasos.
> Sin embargo, fueron nuestros pecados los que le hicieron eso,
> lo desgarraron y aplastaron: ¡*nuestros pecados*!
> Él recibió el castigo que nos salvó.
> Y por sus llagas fuimos sanados.
> Todos somos como ovejas que se han descarriado y se han perdido.
> cada uno ha seguido su propio camino.
> Mas DIOS echó sobre él todos nuestros pecados,
> todo lo que hemos hecho mal.

ISAÍAS 53:2-6, BEM

1. ¿Qué características de Jesús revela este cántico? Intenta enumerarlas, e identifica la frase que revela cada una.

2. ¿Cuáles son las actitudes nuestras, como personas, que menciona el profeta? Recuerda, cuando leas el pasaje, que no está hablando de las personas que vivieron con Jesús, sino de todos nosotros, como seres humanos. La indiferencia de ellos es también nuestra indiferencia.

3. ¿Cuáles de estas actitudes consideras que pueden llegar a ser un impedimento a la hora de buscar una relación más íntima con el Señor?

Cierra este momento leyendo otra porción de este texto, el sacrifico de Jesús desde la mirada del Padre:

La voluntad de Dios siempre fue aplastarlo con dolor.
El plan era que se diera a sí mismo como ofrenda por el pecado para que viera cómo fluye de él la vida abundante, vida, vida y más vida.
Y el propósito de Dios se cumplirá a través de él.

ISAÍAS 53:10, BEM

Comparte tus sensaciones con el Señor. ¡Es un buen momento para expresarle gratitud y adoración!

Camino descendente

El apóstol Pablo ofrece, en su carta a la iglesia en Filipos, una sublime descripción del camino que describe Isaías en el texto que acabas de leer. Podemos llamar este recorrido el *camino descendente,* porque avanzar hacia el cumplimiento de su vocación lleva a Jesús hacia abajo, no hacia arriba.

El inicio del peregrinaje no sucede en Belén, sino en los lugares celestes, donde el Hijo de Dios toma una importante decisión: «Aunque [es] Dios, no [considera] que el ser igual a Dios [sea] algo a lo cual aferrarse» (Filipenses 2:6, NBLA).

Jesús comparte, con el Padre, la misma esencia, los mismos derechos, la misma responsabilidad y los mismos privilegios. Bien podría haber optado por hacer valer sus prerrogativas, recorriendo el camino que solemos transitar en nuestra interacción con los demás, defendiendo nuestros derechos para asegurar que *nadie nos saque ventaja.*

El apóstol aclara que Jesús no se aferró a estos derechos. El término que escoge, en griego, es uno que describe la acción de arrebatar algo. Se empleaba para describir la forma en la que los jornaleros competían agresivamente entre sí, cada mañana, por ser contratados. Esta perspectiva considera a los demás rivales a quienes debemos derrotar para que nuestras propias ambiciones no se vean frustradas.

Negarse a uno mismo

Claro está que esta renuncia, por sí sola, no será suficiente para asegurar el rescate de la humanidad, pero es el primer paso indispensable para cumplir la misión que emprende Jesús. Es el momento en el que le da la espalda a lo suyo. Deja el ejemplo, de esta manera, del paso que deben dar todos los que quieren ser discípulos: *negarse a uno mismo.* Cristo, fiel a sus convicciones, no nos pide nada que él no practique en su propia vida.

Pablo emplea el término griego *kenosis* para describir este compromiso de hacer a un lado lo propio a favor de los demás. Se refiere a la acción de vaciarse uno de sí mismo. Es decir, Jesús logra imponer sobre su propia vida la disciplina que más esquiva le resulta al ser humano, la de vivir atado a las insistentes y permanentes demandas del *yo*, ese implacable amo que nunca nos da descanso. Pablo describe este proceso con la frase «se humilló a sí mismo». Nos ofrece una refrescante alternativa a las propuestas de la cultura que nos rodea, que busca siempre la forma de crecer, humillando a los que están a nuestro alrededor.

Cristo, fiel a sus convicciones, no nos pide nada que él no practique en su propia vida.

Como fruto de esta acción, Cristo, «que existía antes de que las cosas fueran creadas y es supremo sobre toda la creación porque, por medio de él, Dios creó todo lo que existe en los lugares celestiales y en la tierra», abandona su lugar como Dios y se convierte en hombre (Colosenses 1:15-16). Escoge ahora vivir dentro de los confines del tiempo y del espacio, habitando un cuerpo de carne y hueso.

No podremos, en diez mil años, entender la verdadera distancia que recorre para llegar hasta nosotros. Es como si un águila que se eleva, libre y poderosa, sobre las inmensidades de la creación se convirtiera en una insignificante lombriz que vive, toda la vida, bajo tierra, recorriendo apenas unos metros de oscuridad.

Cargar la cruz

En su condición de hombre, Jesús escoge avanzar sobre el segundo requisito para ser discípulo: *cargar la cruz*. Durante la última etapa de su peregrinaje, la oposición a su persona es cada vez más intensa. Los fariseos buscan la forma de quitarle la vida porque su mensaje hace tambalear las prolijas propuestas de la religión que tanto defienden. Jesús, sin embargo, no desiste del camino trazado para su vida, «despreciando la vergüenza» (Hebreos 12:2, NBLA). Para esto, como señala Lucas, es necesario esa resolución interior, de manera que «al acercarse el tiempo de su ascensión, se [arma] de valor y se [fortalece] para hacer el viaje a Jerusalén» (Lucas 9:51, BEM).

Ser guiado

Frente a la muerte, vuelve a humillarse a sí mismo para ofrecer en una cruz su vida, en sacrificio vivo, a favor de aquellos que él mismo ha creado. Este acto supremo de amor, sin embargo, no se sale de los parámetros con los que ha vivido a lo largo de su vida. Tal como hemos visto, todo lo que hace es a instancias de la dirección que provee el Padre. Cumple, de esta manera, el tercer paso de lo que significa ser discípulo: *dejar que Otro dirija sus pasos.* Aun en la decisión de ofrecer su vida, Jesús honra al Padre. «Nadie me la quita —declara—, sino que Yo la doy de Mi propia voluntad. Tengo autoridad para darla, y tengo autoridad para tomarla de nuevo. Este mandamiento recibí de Mi Padre» (Juan 10:18, NBLA).

Carga fácil

Esta forma, indescriptiblemente bella, de moverse en la vida es la que Jesús mismo expone a sus discípulos cuando les extiende la maravillosa invitación que examinamos en los primeros capítulos:

> Vengan a Mí, todos los que están cansados y cargados,
> y Yo los haré descansar. Tomen Mi yugo sobre ustedes y
> aprendan de Mí, que Yo soy manso y humilde de corazón,
> y HALLARÁN DESCANSO PARA SUS ALMAS. Porque Mi yugo
> es fácil y Mi carga ligera.
> MATEO 11:28-30, NBLA

Cuando observamos en los Evangelios el laborioso recorrido de Jesús, la frase que menos se nos ocurriría para describir su vida es «fácil y ligera». El Señor, sin embargo, puede describirla de esta manera porque no es una referencia a lo favorable de sus circunstancias. Más bien, es fácil y ligera porque han cesado las interminables luchas interiores que tanto agobio traen a nuestras almas.

> La vida de Jesús es fácil y ligera porque han cesado las interminables luchas interiores que tanto agobio traen a nuestras almas.

La sumisión de Jesús al Padre le evita la necesidad de, a cada paso, estar evaluando opciones y pesando alternativas. Uno mayor que él guía sus pasos. Él se mueve en absoluta confianza de que el Padre sabe lo que hace. No se siente tentado, como nosotros, a argumentar, discutir y cuestionar cada una de las indicaciones que llegan a su vida. No considera ni las complicaciones ni los contratiempos como confirmación de que algo se le ha escapado de las manos al Padre. Esta confianza, plena y absoluta, le otorga esa misma sensación de seguridad que experimentan los niños cuando poseen certeza de que sus padres tienen el control de todas las cosas. De esta postura de confianza se desprenden dos actitudes que efectivamente resuelven todos los conflictos que se producen en el marco de las relaciones entre las personas.

La mansedumbre

La mansedumbre se refiere a la forma en la que respondemos a lo que los demás podrían hacernos o decir de nosotros. Nuestra insaciable necesidad de salir a defender nuestro honor, buscando siempre quedar bien parados, es la que más contribuye a una sensación de fatiga. Jesús, vestido de mansedumbre, no se siente en la necesidad ni de dar todo el tiempo explicaciones ni de defenderse de las acusaciones que se agolpan contra su persona.

Pedro, el discípulo qué más luchó con la sumisión, anima a la iglesia a que imite esta actitud de mansedumbre en el Señor, «pues también Cristo sufrió por ustedes, dejándoles ejemplo para que sigan Sus pasos, EL CUAL NO COMETIÓ PECADO, NI ENGAÑO ALGUNO SE HALLÓ EN SU BOCA; y quien cuando lo ultrajaban, no respondía ultrajando. Cuando padecía, no amenazaba, sino que se encomendaba a Aquel que juzga con justicia» (1 Pedro 2:21-23, NBLA).

La humildad

La segunda actitud que Jesús describe como característica suya es la humildad. Se diferencia de la mansedumbre en que define la forma en que cultivo mis relaciones interpersonales. La mansedumbre se refiere a nuestras *reacciones*, pero la humildad se enfoca en nuestra *forma de accionar*. Jesús confía en que el que abre camino para su vida es el Padre. No necesita salir ni a promocionarse ni a convencer a los demás de lo valioso que es su aporte. No lo motiva la ambición de escalar posiciones ni de ser popular. No necesita el reconocimiento de los demás para sentir que su vida tiene propósito, ni lo seducen los aplausos.

> La mansedumbre se refiere a nuestras *reacciones*, pero la humildad se enfoca en nuestra *forma de accionar*.

Esto lo libra de los temores que nos llevan a considerar a los de nuestro alrededor rivales que compiten por ocupar nuestro espacio. El sentido de identidad de Jesús tiene sus orígenes en lo que el Padre dice de él, de manera que no se siente en la obligación de demostrarle nada a nadie. El que algunos discípulos, en cierto momento, decidan no seguirlo más no afecta su autoestima. Vive y trabaja con un solo propósito: glorificar al Padre.

Momento de quietud

Si nuestra observación de los elementos que sostienen la relación de Jesús con sus discípulos ha sido cuidadosa, habremos notado que *no* los llama a aprender una dinámica, a desarrollar ciertas aptitudes o a sumarse a un programa para hacer crecer la iglesia. Podemos incorporar estas habilidades a nuestro andar sin la necesidad de jamás trabajar sobre el corazón. De hecho, muchos profesionales cultivan con cuidado las destrezas necesarias para comunicar empatía a sus clientes o pacientes sin que esta sea una genuina muestra de cariño. Así también proceden la mayoría de los políticos.

Una vida que contagia, sin embargo, no puede funcionar sin un corazón transformado. El Señor reemplaza al rey Saúl precisamente porque Dios no busca un hombre hábil que simplemente gobierne. Cuando nombra a otro en su lugar, lo hace porque ha «encontrado en David, hijo de Isaí, a un hombre conforme a [su] propio corazón; él hará todo lo que [el Señor quiere] que haga» (Hechos 13:22).

Una vida que contagia no puede funcionar sin un corazón transformado.

Juan el Bautista es también un varón conforme al corazón de Dios. Sus seguidores, preocupados por la cantidad de personas que han decidido pasarse al grupo de Jesús, lo animan a que salga a reclamar lo que es suyo. Juan, sin embargo, demuestra absoluta certeza acerca de su identidad: «Nadie puede recibir nada a menos que Dios se lo conceda desde el cielo. Ustedes saben que les dije claramente: "Yo no soy el Mesías; estoy aquí solamente para prepararle el camino a él"» (Juan 3:27-28).

Se identifica como el amigo del novio, el que trabaja para que todo salga bien en la boda, cuya mayor ambición consiste en ver feliz al novio. Por esto, se atreve a declarar: «Es necesario que Él crezca, y que yo disminuya» (Juan 3:30, NBLA). No existe, en el proyecto, posibilidad de que él sea grande y, a la vez, lo sea el Señor. Cuando Juan es grande, el Señor se achica. Cuando el Señor crece, Juan necesariamente debe achicarse. No pueden existir dos grandes en un mismo espacio espiritual.

Para seguir a Jesús, debemos estar dispuestos a negarnos a nosotros mismos y tomar la cruz. No se nos ha ofrecido ninguna otra alternativa. Lo llamativo, sin embargo, es que vivimos en el reino, donde todo es distinto a lo que sucede entre las personas. Por esto, nuestra aparente pérdida será pura ganancia, tal como sucede en la vida de Cristo. Lo sublime de su sacrificio le abre las puertas para que recorra, de la mano del Padre, el camino que no está dispuesto a recorrer por iniciativa propia.

Para seguir a Jesús, debemos estar dispuestos a negarnos a nosotros mismos y tomar la cruz. No se nos ha ofrecido ninguna otra alternativa.

> A causa de esa obediencia, Dios lo enalteció hasta lo más alto y le otorgó un nombre que es sobre todo nombre, de modo que todos los seres creados en el cielo y en la tierra (incluso aquellos que están debajo de la tierra) se inclinarán en adoración ante este Jesucristo, y clamarán en alabanza que él es el Señor de todo, para la gloriosa honra de Dios Padre.
>
> FILIPENSES 2:9-11, BEM

¡Bendito sea el nombre de nuestro Dios!

ESCENAS DE CONTAGIO

No adquirí mucha destreza en compartir mi fe con otros por medio de las clases de evangelización que tuve que cursar como parte de mi formación bíblica. Allí analizamos técnicas y examinamos los métodos que ha empleado la iglesia a lo largo de los siglos. Identificamos los mayores obstáculos a la hora de guiar a otros hacia una vida de fe, y aprendimos respuestas para refutar los argumentos típicos con los que podríamos toparnos en las calles.

Realmente aprendí a compartir la fe, sin embargo, cuando la persona que me formó me llevó a la calle y me mostró como hacerlo. Al principio, él asumía la responsabilidad de dirigir las conversaciones con las personas. Yo me limitaba a observar y a escuchar la forma en la que se conectaba con otros. Cuando empecé a sentirme cómodo, me animó a participar en estas conversaciones. Así, fui ganando confianza con la dinámica que empleaba.

Un día, cuando salimos a la calle a compartir con otros, me dijo: «Hoy tú vas a iniciar la conversación, y la vas a conducir hasta donde tú puedas. Yo estaré aquí, a tu lado, pero no te ayudaré a menos que se complique la situación».

A pesar de los nervios, me atreví a iniciar la próxima conversación y a guiarla lo mejor que pude. El que mi mentor estuviera parado al lado mío me generó la tranquilidad necesaria para avanzar, seguro de que me rescataría si sentía que la situación se escapaba de mis manos.

De esta manera, entonces, mi mentor me mostró una de las mejores maneras en las que aprendemos en el reino: otros nos muestran cómo hacerlo, y luego nosotros imitamos lo que los hemos visto hacer.

ESCENAS DE CONTAGIO

En una ocasión, me reuní con don Augusto, el anciano pastor del que hablé en otra escena de contagio. Él fue para mí un maravilloso modelo de cómo vivir a Cristo. En esta ocasión, yo quería conversar con él porque pasaba por un momento de conflicto con un compañero del equipo ministerial. Yo sentía (como solemos pensar en situaciones de conflicto) que esta persona me llevaba la contraría con el solo fin de provocarme y de complicar el trabajo que yo intentaba realizar. Esperaba, en mi inocencia, que don Augusto me diera la razón y me indicara qué herramientas podía utilizar para sobrellevar mejor la situación.

Don Augusto, sin embargo, me llevó por otro camino. Me dijo:

—Imagínate que te encuentras en un velatorio, donde los presentes se despiden de alguien que ha fallecido. Imagina ahora —siguió— que, por un momento, te quedas solo con el difunto en el féretro. Te acercas y sacas de tu bolsillo una aguja. Aprovechas que nadie te está mirando y punzas al cadáver con tu aguja. ¿Qué te imaginas que sucedería? —me preguntó.

Lo obvio de la pregunta me llevó a exclamar:

—¡Nada! por supuesto.

—¿Por qué? —insistió.

—Pues, es obvio —respondí—. ¿Cómo puede reaccionar un cadáver si está muerto?

—¡Exacto! —me dijo—. No reacciona porque está muerto. Tus reacciones a las provocaciones de tu compañero revelan que tú aún ¡sigues muy vivo! Cuando hemos muerto en Cristo, lo que nos hacen los demás deja de generar reacciones de defensa o de dolor.

Esta fue una de las lecciones más importantes que aprendí sobre la mansedumbre. Cuando reacciono mal, es porque hay mucho de Chris, y muy poco de Cristo, en mí.

EPÍLOGO

UN CORAZÓN Y UN ESPÍRITU NUEVO

Estamos llegando al final del camino que hemos recorrido juntos, aunque aún queda mucho por vivir. ¡Gracias por aceptar la invitación de acompañarme! Espero, de todo corazón, que haya logrado estimular, en tu corazón, reflexiones productivas sobre cómo echar mano de este misterioso proceso que llamamos transformación. Aunque no te quede ningún otro concepto, me daría tranquilidad saber que has entendido que la transformación es algo que le pertenece al Señor. Dios muestra mayor interés que nosotros por cumplir sus propósitos en nuestras vidas. Anhela convertir en realidad lo que profetiza por medido de Ezequiel:

> Derramaré agua pura sobre ustedes y los lavaré. Les daré un corazón nuevo y pondré en ustedes un espíritu nuevo. Quitaré de su cuerpo el corazón de piedra y lo remplazaré con un corazón que busque la voluntad de

> Dios, no la propia. Pondré en ustedes mi Espíritu para que puedan hacer lo que les mando y vivir conforme a mis mandamientos. Vivirán de nuevo en la tierra que di a sus antepasados. ¡Serán mi pueblo! ¡Yo seré su Dios!
>
> EZEQUIEL 36:24-28, BEM

La parte que nos toca a nosotros en este proyecto es remover, como hicieron los cuatro amigos del paralítico, todos los obstáculos que nos impidan lograr esa conexión vital con Jesús y con aquellos que nos acompañan en la comunidad de fe.

Es cierto que nosotros ejercemos escaso control sobre el proceso. Eso, sin embargo, no significa que debamos esperar, resignados, a que al Señor se le ocurra hacer algo en nuestras vidas. La parte que nos toca a nosotros en este proyecto es remover, como hicieron los cuatro amigos del paralítico, todos los obstáculos que nos impidan lograr esa conexión vital con Jesús y con aquellos que nos acompañan en la comunidad de fe. El vigor de esa conexión será lo que determinará el nivel de contagio que suceda en nuestras vidas.

A mayor intimidad, mayor transformación.

Este llamado exige de nosotros luchar por desterrar de nuestras vidas la pereza, la rutina, el desánimo y la resignación. Pero estas nos acecharán a cada paso del camino. Será necesario, ocasionalmente, que el Espíritu nos sacuda, como lo hace Jesús con los discípulos en Getsemaní:

A mayor intimidad, mayor transformación.

> Estén atentos, oren para no caer en la tentación sin saber siquiera que están en peligro. Hay una parte de ustedes que está deseosa, dispuesta a todo con Dios. Sin embargo, hay otra parte que es tan perezosa como un perro viejo que duerme junto al fuego.
>
> MATEO 26:40-41, BEM

El compromiso de conectarnos con el Señor, como hemos visto, abre el camino para que participemos de una asombrosa experiencia de intimidad. «Si alguien me ama, guardará Mi palabra; y Mi Padre lo amará, y vendremos a él, y haremos con él morada» (Juan 14:23, NBLA). Posee los mismos seductores matices que la escena que describe el gran pastor de Israel:

Me sirves una cena de seis platos
  delante de mis enemigos.
Levantas mi cabeza abatida;
  mi copa rebosa de bendiciones.

Tu belleza y tu amor van conmigo
  cada día de mi vida.
He vuelto al hogar, a la casa de DIOS,
  por el resto de mi vida
SALMO 23:5-6, BEM

¿Cómo podríamos aceptar la aburrida rutina de la religión si el Dios eterno seduce nuestros corazones con esta magnífica propuesta? ¡Jamás!

En el cierre de la conversación que hemos disfrutado juntos, quisiera saber si podemos encontrar, en algún lado, una descripción de los objetivos que intenta alcanzar Jesús en los tres años que comparte con los Doce.

Hemos visto, al acercarnos a los Evangelios, que no son manuales de metodología. No recorren el camino típico de nuestros cursos de discipulado, donde solemos encontrar una larga lista de características del buen discípulo. Tal lista rara vez nos inspira, porque describe a una persona tan perfecta que la acabamos considerando inalcanzable. Propone metas demasiado ambiciosas para personas tan frágiles como nosotros.

En el Evangelio de Juan, sin embargo, encontramos un pasaje

que nos permite descubrir, casi por accidente, los objetivos que busca cumplir Jesús con sus discípulos. Se trata del texto del capítulo 17, que contiene los detalles de la oración que Jesús eleva al Padre a modo de cierre de su ministerio. En ella, mira atrás y resalta los aspectos más sobresalientes de la relación que cultivó con los discípulos, pidiéndole al Padre que selle, con su bendición, la inversión que hizo en sus vidas.

Te invito a que, una vez más, me acompañes en identificar cuáles son las áreas a las que Jesús da importancia.

Revelar el nombre

El primer desafío que Jesús menciona es el de dar a conocer el nombre del Padre[76]. En la cultura hebrea, esto se refiere a mucho más que una forma de identificar a alguien. Se vincula con la característica distintiva de una persona y su relación con el propósito de Dios, de manera que el nombre posee una connotación profundamente espiritual. Es por esto que, en el relato del pueblo de Dios, el Señor frecuentemente le cambia el nombre a alguien para que refleje mejor la intención divina para esa vida; así, Abram se convierte en Abraham; Saraí, en Sara; Jacob, en Israel; Simón, en Pedro; Saulo, en Pablo.

Jesús, entonces, trabaja para dar a conocer los rasgos distintivos del corazón de su Padre, para «explicar su carácter con lujo de detalles», como lo expresa la traducción de *El Mensaje*. No logra este cometido por medio de una ordenada exposición de los atributos de Dios, tales como los que se elaboran en una clase de teología. Más bien, en el marco de una insondable intimidad con el Padre, encarna las cualidades de la relación, de modo que Jesús es «la imagen visible del Dios invisible» (Colosenses 1:15).

Por esto se muestra sorprendido cuando Felipe le pide que les muestre al Padre. «¿He estado con ustedes todo este tiempo, y

[76] Juan 17:6, 26.

todavía no sabes quién soy? —responde—. ¡Los que me han visto a mí han visto al Padre!» (Juan 14:9). En Jesús, los discípulos se han encontrado con una réplica exacta del Padre, la representación perfecta del Dios que adoran.

Cuando consideramos los estragos que produce en nosotros edificar nuestra experiencia espiritual sobre una imagen distorsionada del Padre, entendemos que esta revelación es absolutamente crucial para una experiencia sana con el Señor. La mayoría de las distorsiones religiosas de las que ha sido testigo la humanidad proceden de una visión errada acerca de la persona de Dios. El dios exageradamente severo, el dios distante, el dios endeble e inofensivo, el dios permisivo y el dios indiferente son todas manifestaciones de una imagen deformada que constituye un infranqueable obstáculo a la hora de acercarse al Dios verdadero. Resulta necesario que Cristo corrija, una y otra vez, estas percepciones para seducir a los discípulos con el corazón misericordioso y compasivo de su Padre.

> La mayoría de las distorsiones religiosas de las que ha sido testigo la humanidad proceden de una visión errada acerca de la persona de Dios.

De este principio se desprende una maravillosa oportunidad: quien quiera conocer mejor al Padre deberá, necesariamente, acercarse a la persona de Jesús. Él es el que mejor revela el misterio del corazón de Dios. De hecho, Cristo afirma: «Yo soy el camino, la verdad y la vida. Nadie llega al Padre si no es por mí. Si realmente me conocieran, también conocerían a mi Padre» (Juan 14:6-7, BEM).

Vivir la Palabra

Un segundo objetivo que trabaja Jesús es enseñar a sus discípulos a guardar las verdades recibidas. «Tú me los diste, y ellos han obedecido tu palabra» (Juan 17:6). Esta preocupación es importante por la irremediable tendencia del ser humano a quedarse con el momentáneo entusiasmo que genera escuchar las verdades del reino, tal como vimos en el capítulo doce. El Señor enfatiza, una y otra vez, que acceder a la bendición de la Palabra requiere del compromiso de ponerla por obra. «Si me aman —dice a sus discípulos—, demuéstrenlo haciendo lo que les he dicho» (Juan 14:15-17, BEM).

Jesús elige remarcar este principio al concluir el Sermón del Monte:

> No busquen atajos para llegar a Dios. El mercado está lleno de fórmulas seguras y fáciles para una vida exitosa que se pueden probar en el tiempo libre. No caigan en esas cosas, aunque la gente lo haga. El camino a la vida, ¡a Dios!, requiere esfuerzo y una atención absoluta.
> MATEO 7:13-14, BEM

Compara el esfuerzo de poner por obra la verdad con el construir una casa sobre la roca. Para llevar adelante el proyecto, el constructor «cava hondo y echa los cimientos sobre roca sólida», indicando, de esta manera, que la práctica exigirá un esfuerzo sostenido en el tiempo (Lucas 6:48).

Enseñarles a amar

El tema por el que más clama Jesús es el de la unidad del grupo: «Padre santo, a los que me has dado, guárdalos en tu nombre, para que sean uno, así como nosotros» (Juan 17:11, RVR95). Extendiendo su mirada hacia el futuro, ora también por nosotros, los que nos incorporamos a lo largo de los siglos: «No ruego solamente por estos, sino también por los que han de creer en mí por la palabra de ellos, para que todos sean uno; como tú, Padre, en mí y yo en ti, que también ellos sean uno en nosotros» (Juan 17:20-21, RVR95).

El Señor entiende que el egoísmo y la rivalidad continuamente pondrán en peligro el proyecto de ser comunidad. De hecho, Pablo apela al ejemplo de Jesús para exhortar a la iglesia:

> Pónganse de acuerdo, ámense, sean amigos en espíritu. No se abran camino a empujones ni con zalamerías hasta llegar a la cima. Háganse a un lado y ayuden a los demás a salir adelante. No se obsesionen con conseguir sus propios intereses. Olvídense de ustedes mismos y den una mano a los demás.
>
> FILIPENSES 2:1-4, BEM

Para que esto suceda, debemos confesar que no sabemos amar como Jesús ama. Nuestra expresión de amor, mezquina e interesada, no puede ser reformada. Necesitamos darle la espalda para anotarnos como aprendices de Aquel cuyo amor resulta ser escandalosamente diferente al nuestro.

Esta es la característica distintiva del verdadero discípulo: una actitud de llamativa generosidad y bondad hacia su prójimo. Es la única credencial que nos acredita como seguidores de Jesús, la que convence a un mundo incrédulo de que poseemos algo que ellos no poseen. Tristemente, en la iglesia, hemos echado mano de una infinidad de «otros métodos» para tratar de seducir el corazón de quienes no lo conocen, pero seguimos haciendo agua a la hora de amarnos los unos a los otros.

Esta es la razón por la que Pablo nos sorprende cuando señala que la iglesia no siempre se reúne para lo bueno[77]. Deshonramos el nombre de Jesús cuando nuestras reuniones son una extensión del egoísmo y la indiferencia comunes a todas las personas, porque hemos sido llamados a transitar por otro camino más excelente[78].

Contagiarlos de gozo

Otra sorprendente intención que revela la oración de Jesús se refiere al gozo: «Ahora vuelvo a ti, y hablo esto en el mundo para

---

77 1 Corintios 11:17.

78 1 Corintios 12:31.

que tengan mi gozo completo en sí mismos» (Juan 17:13, RVR95). De hecho, esto es una confirmación de una llamativa revelación que comparte con sus discípulos: «Les he dicho estas cosas con un fin: que mi gozo sea el de ustedes y que sea completo» (Juan 15:11-15, BEM).

> Esta es la característica distintiva del verdadero discípulo: una actitud de llamativa generosidad y bondad hacia su prójimo.

Entiendo, por esto, que la multitud de enseñanzas que comparte Jesús busca generar en los discípulos una alocada experiencia de alegría que los blinde contra los contratiempos y las dificultades de la vida, pues el gozo del Señor, tal como declara Nehemías, es la fuerza del pueblo de Dios (8:10). Y como declara Proverbios, «el corazón alegre es una buena medicina, pero el espíritu quebrantado consume las fuerzas» (17:22).

Este gozo es el resultado de estar conectado al Dios en cuya presencia, declara el salmista, «hay plenitud de gozo» (Salmo 16:11, NBLA). Jesús los hace partícipes del gozo que es propio de su persona: un gozo maravillosamente libre de las particularidades de las circunstancias que atraviesan. Para celebrar, no necesitan ni que la vida les sonría ni que su servicio al Señor prospere. La vida en el reino es «justicia, paz y gozo en el Espíritu Santo» (Romanos 14:17, NBLA). Y aun cuando todo prospere, no deben perder de vista un importante principio:

> El gran triunfo no está en la autoridad de ustedes sobre el mal, sino en la autoridad de Dios sobre ustedes y su presencia en ustedes. No es lo que ustedes hagan para Dios sino lo que Dios haga por ustedes; eso es motivo de regocijo.
>
> LUCAS 10:18-20, BEM

No tendrán otra oportunidad más extraordinaria para entender lo que Dios hace por ellos que el reencuentro con el Cristo resucitado. Compara el camino que van a transitar con la experiencia de dar a luz a un hijo. En ese momento, la «mujer sufre dolores de parto; pero cuando nace su hijo, su angustia se transforma en alegría, porque ha traído una nueva vida al mundo. Así que ahora ustedes tienen tristeza, pero volveré a verlos; entonces se alegrarán, y nadie podrá robarles esa alegría» (Juan 16:21-22).

> La multitud de enseñanzas que comparte Jesús busca generar en los discípulos una alocada experiencia de alegría que los blinde contra los contratiempos y las dificultades de la vida.

Esta contundente declaración deja claro que es una experiencia a prueba de la más violenta persecución, la más grosera injusticia y la más desgarradora tristeza. De hecho, el autor de Hebreos señala que el Cristo logra sobreponerse al horror de la cruz «debido al gozo que le [espera]» (Hebreos 12:2). Del mismo modo, en las vidas de los discípulos, nadie tiene suficiente poder como para arrebatarles este alocado gozo, completamente desconectado del atribulado mundo en el que llevan adelante la misión que Jesús les confía.

Enviarlos al mundo

Jesús suma otro pedido más a su oración por los discípulos:

> No te pido que los quites del mundo, sino que los protejas del maligno. Al igual que yo, ellos no pertenecen a este mundo. Hazlos santos con tu verdad; enséñales tu palabra, la cual es verdad. Así como tú me enviaste al mundo, yo los envío al mundo. Y me entrego por ellos como un sacrificio santo, para que tu verdad pueda hacerlos santos.
>
> JUAN 17:15-19

Este anhelo es el mismo que incluye a la hora de llamarlos: «Ellos lo [acompañarán], y él los [enviará] a predicar y les [dará] autoridad para expulsar demonios» (Marcos 3:14-15). Cuando vuelve a encontrarse con ellos, luego de resucitar, lo primero que hace es reiterar este llamado, el de ser enviados del mismo modo que él ha sido enviado[79]. Esto desde siempre ha sido un componente esencial en la identidad del pueblo de Dios; en el mismo momento de llamar a Abram, el Señor indica su intención de bendecirlo para que él sea bendición hacia los demás[80].

El Hijo que deja los lugares celestiales para vivir entre nosotros también espera que sus discípulos se resistan a la tentación de acaparar para ellos la bendición recibida. Cuando ellos creen que es una buena decisión quedarse en un lugar, él les dice: «Vayamos a las otras aldeas para que también pueda predicar allí. Esta es la razón por la que he venido» (Marcos 1:38-39, BEM). Le dice algo similar al hombre que durante tantos años ha sufrido el tormento de estar poseído por una legión de demonios. Cuando le pide a Jesús que lo lleve con él, el Señor se niega. «Vete a casa con tu propia gente —le dice—. Cuéntales tu historia: lo que hizo el Maestro, cómo tuvo misericordia de ti» (Marcos 5:18-20, BEM).

El Hijo que deja los lugares celestiales para vivir entre nosotros también espera que sus discípulos se resistan a la tentación de acaparar para ellos la bendición recibida.

La oración de Jesús cierra con firmeza la puerta que habilita al pueblo de Dios a aislarse del mundo. No son del mundo, pero es necesario que permanezcan en el mundo precisamente para llevar adelante la tarea de seguir extendiendo el reino. Por esto, la misión exigirá que se vistan de santidad, ese llamado a vivir con parámetros y valores enteramente diferentes a los de la cultura que rodea a los discípulos.

Entendemos, frente a esta petición, por qué, en el Sermón del Monte, Jesús explica: «Déjenme decirles por qué están aquí. Están aquí para ser la sal que hace perceptibles los sabores divinos en esta tierra» (Mateo 5:13, BEM). Del mismo modo, señala:

---

[79] Juan 20:21.
[80] Génesis 12:3.

> Están aquí para ser la luz que hace percibir los colores de Dios en el mundo. Dios no es un secreto que hay que guardar. Vamos a hacerlo público, tanto como una ciudad sobre una colina. Si los hago portadores de luz, no piensen que los voy a esconder bajo una caja, ¿les parece? Los voy a poner en un pedestal.
>
> MATEO 5:14-16, BEM

El ser sal y luz, tal como he señalado, no es algo que los discípulos programen, una actividad separada de la forma en la que viven cada día. Como iglesia, erramos en el camino cuando creemos que debemos organizar eventos para decirle a la gente lo que deberíamos decirles en el día a día. La sal no decide, de a ratos, que va a realizar acciones saladas. Es salada por su misma naturaleza. Así también, el Señor llama a los discípulos a andar por la vida como él ha andado, dejando que su estilo de vida brille por sí mismo. A esto también nos llama Pedro:

> Lleven una vida ejemplar en sus barrios para que sus acciones refuten los prejuicios de sus vecinos. De este modo, se los ganarán para Dios y estarán en la celebración cuando él venga.
>
> 1 PEDRO 2:11-12, BEM

Estar con él

Quisiera señalar un último pedido que hace Jesús en su gran oración sacerdotal:

> Padre, quiero que los que me diste estén conmigo, justo donde estoy, para que vean mi gloria, el esplendor que me diste, y que me has amado mucho antes de que existiera el mundo.
>
> JUAN 17:24, BEM

Entiendo que esta llamativa petición no se refiere a asegurar solamente un lugar en el futuro. Más bien, tiene que ver con vivir en sintonía con Jesús, quien seguirá actuando entre los discípulos por medio del Espíritu. Él ha indicado a sus discípulos que «todo el que quiera servirme debe seguirme, porque mis siervos *tienen que estar donde yo estoy*. El Padre honrará a todo el que me sirva» (Juan 12:26, énfasis añadido).

Como iglesia, erramos en el camino cuando creemos que debemos organizar eventos para decirle a la gente lo que deberíamos decirles en el día a día.

Los discípulos deben llevar adelante la obra con la misma dinámica que ven en Jesús: «Les digo la verdad, el Hijo no puede hacer nada por su propia cuenta —les aclara el Señor—; solo hace lo que ve que el Padre hace. Todo lo que hace el Padre, también lo hace el Hijo» (Juan 5:19).

Indica, así, cuáles son las obras que él hace, para que nos podamos sumar a ellas, pues «él nos crea a cada uno de nosotros por Cristo Jesús para que nos unamos a él en la obra que hace, la buena obra que ha preparado para que hagamos, obra que más vale estemos haciendo» (Efesios 2:7-10, BEM).

Un maravilloso ejemplo de esto, en la iglesia naciente, es la visita de Pedro a Cornelio[81]. El Espíritu moviliza al apóstol porque ha preparado una obra para que él haga en la casa de este oficial romano. De esta manera, Pedro se une a la inquietud que el Señor ya ha sembrado en el corazón de Cornelio. El desenlace de esta aventura está garantizado ¡aun antes de que Pedro salga de su casa!

Los discípulos deben llevar adelante la obra con la misma dinámica que ven en Jesús.

[81] Hechos 10.

Momento de quietud

En una de las últimas oraciones que Jesús eleva al Padre, se atreve a decir: «Yo te di la gloria aquí en la tierra, al terminar la obra que me encargaste» (Juan 17:4). La afirmación es llamativa porque parecería evidente que a los discípulos aún les falta mucha formación. Las palabras de Jesús, sin embargo, nos ayudan a entender que la formación de una persona no es, como sucede en los modelos formales de educación, un proceso que posee un final que desemboca en una ceremonia de graduación. La formación, en el reino, continúa a lo largo de la vida porque describe una relación y no la adquisición de información y competencias.

Al identificar los objetivos de Jesús para la relación con los Doce, no puedo evitar compararlos con las típicas instrucciones que solemos ofrecer a los que se incorporan al reino: «Ahora debes leer la Biblia todos los días, integrarte a las actividades de la iglesia y aprender a orar». A medida que estas personas se afiancen en el camino, las invitaremos a que se incorporen a estudios bíblicos y se anoten en «algún ministerio de la iglesia».

La formación, en el reino, continúa a lo largo de la vida porque describe una relación y no la adquisición de información y competencias.

¿Puedes percibir cuán opaca es la vida que resulta de este insulso desafío? Jesús no llega para sumar algunas actividades a las muchas otras cosas que son parte de nuestras vidas. Llega para convertirse en la razón de nuestra existencia, el principio y el fin de todas las cosas. Es categórico a la hora de hablar sobre su propuesta:

> Yo soy la vid y ustedes son las ramas. Cuando estén unidos a mí y yo a ustedes, en una relación íntima y orgánica, la cosecha seguramente será abundante. Separados, no pueden producir nada.
>
> JUAN 15:5-8, BEM

La idea de que la rama se una a la vid una vez por semana, o diez minutos por día, es absurda. La rama es rama todo el día, todos los días, porque está pegada a la vid y se alimenta de ella.

Quisiera invitarte a que reflexiones, unos minutos, en estas preguntas:

1. ¿Qué desafíos te ha planteado el Señor por medio de este libro?

2. ¿En qué cosas te ha invitado a que vuelvas a examinar la forma en la que vives?

3. De todo lo que he mencionado a lo largo de este libro, ¿qué cosa específica puedes hacer para empezar a disfrutar de otra clase de conexión con Jesús?

4. ¿Qué pasos puedes dar para convertir en realidad ese desafío? ¿Cuáles serán los obstáculos que deberás sortear por el camino?

Convierte tus reflexiones en oración:

Señor, tu Palabra declara que «donde está el Espíritu del Señor, hay libertad. Pero todos nosotros, con el rostro descubierto, contemplando como en un espejo la gloria del Señor, estamos siendo transformados en la misma imagen de gloria en gloria, como por el Señor, el Espíritu» (2 Corintios 3:17-18, NBLA*). ¡Que tremendo regalo! ¡Qué increíble oportunidad! Y que triste que yo haya aceptado algo tan mediocre cuando me ofreces la posibilidad de transitar por el mismo camino que anduvo Moisés: hablar contigo cara a cara, como un amigo habla con otro amigo. He escuchado la voz de tu Espíritu que me invita a explorar esta opción, y quiero decirte: «Aquí estoy, Señor». Me uno a la declaración de Pablo para decirte: todo «lo considero como basura a fin de ganar a Cristo. [...] Pero una cosa hago: olvidando lo que queda atrás y extendiéndome a lo que está delante, prosigo hacia la meta para obtener el premio del supremo llamamiento de Dios en Cristo Jesús» (Filipenses 3:8, 13-14,* NBLA*). Aviva, Señor, tu obra en mí, por amor a tu precioso nombre. Amén.*

Si nos animamos a salir hacia la invitación que nos extiende Jesús, nos acercaremos notablemente a la experiencia que describe el apóstol Pablo:

> En el Mesías, en Cristo, Dios nos lleva de un lugar a otro en un perpetuo desfile victorioso. A través de nosotros, Dios trasmite el conocimiento de Cristo. Dondequiera que vamos, la gente respira su exquisita fragancia. A causa de Cristo, desprendemos un aroma dulce que se eleva hasta Dios, y los que van camino a la salvación lo pueden percibir: un aroma que huele a vida.
>
> 2 CORINTIOS 2:14-16, BEM

¡Quiero ser parte de este desfile!

La tarea que se nos confía es una que solamente podrá ser

realizada empleando las herramientas que son propias de vidas conectadas con Aquel que rehusó adaptarse al mundo.

El proceso intenso que viven los Doce con el Señor no describe una experiencia que ha quedado perdida en la historia. Es un anticipo de la aventura que espera a todos los que aceptan la invitación de Jesús a vivir la vida con él. A nosotros también nos incluye en esta propuesta, una que no ha cambiado en los dos mil años que han transcurrido desde que se vistió de humanidad.

Si nos detenemos a identificar, de la mano del Espíritu, el verdadero problema en nuestras vidas, descubriremos que sufrimos el mal de la iglesia de Éfeso: «¡No me amas a mí ni se aman entre ustedes como al principio!» (Apocalipsis 2:4). Los años han apagado la pasión que alguna vez sentíamos por el Señor. La hemos reemplazado por las prolijas rutinas de una vida religiosa.

El Señor, tierno y misericordioso, nos indica lo que debemos hacer para que él vuelva a ser nuestro todo: «¡Mira hasta dónde has caído! Vuélvete a mí y haz las obras que hacías al principio» (2:5).

Por este camino queremos transitar.

Vamos, volvamos a DIOS.
Nos lastimó, pero nos sanará.
Nos golpeó fuerte,
pero nos restaurará.
En un par de días nos sentiremos mejor.
Al tercer día nos habrá dejado como nuevos,
  vivos y en pie,
  listos para vivir cara a cara con él.
Estamos listos para estudiar a DIOS,
  deseosos de su conocimiento.
Tan seguro como que amanece,
  así es su presencia diaria.
Él llega como llega la lluvia,
  como la lluvia de primavera que refresca la tierra.

OSEAS 6:1-3, BEM

ESCENAS DE CONTAGIO

Hace unos meses, tuve la oportunidad de hablar con una persona que he acompañado durante varios años. Me compartió su frustración porque siente que su relación con Cristo se ha atascado.

—No es que haya dejado de leer la Palabra o de asistir a reuniones —me dijo—. Al contrario, me esfuerzo por pasar más tiempo en la Palabra, e intento orar después de cada momento de lectura. Pero siento que no estoy logrando conectarme con el Señor.

Conozco bien a esta persona. Soy testigo de sus sinceros esfuerzos por ser fiel en el ejercicio de su fe. En esta ocasión, sentí en mi corazón que no era mayor esfuerzo lo que esta persona necesitaba. No entramos al reino con los dientes apretados, sino danzando de alegría, celebrando la buena fortuna de haber sido alcanzados por la bondad del Señor. Por esto, le dije:

—Quiero que te relajes. Disfruta más al Señor, y esfuérzate menos. Me gustaría que descubras la forma de incorporar en tu andar pequeños momentos de conexión a lo largo del día en lugar de un solo momento intenso por la mañana.

Le sugerí algunos ejercicios para comenzar a moverse en esta dirección, combatiendo la distracción que tanto erosiona nuestra relación con el Señor. La invité a que estuviera atenta al mover del Señor a lo largo del día.

Hace algunos días, volvimos a hablar. Me sorprendió escuchar el feliz reporte que me dio de su progreso:

—¡He descubierto otra forma de vivir al Señor! Lo siento cerca de mí a lo largo del día y disfruto de hermosas conversaciones con él. Cuando me dispongo a abrir su Palabra, lo considero una extensión de la relación que disfruto con él todo el día.

Me puso muy contento saber de este importante cambio en su relación con el Señor. Entiendo que por este camino necesitamos transitar. No es nuestro esfuerzo el que asegura la relación. Cuando tenemos la sensación de que todo el trabajo lo estamos haciendo nosotros, algo no está bien planteado en la relación con Jesús. Nosotros lo amamos porque él nos amó primero. Cuando salimos a buscarlo, él ya ha salido a nuestro encuentro. La carga principal de la relación la lleva el Señor. Nuestra parte, más que crear nosotros los espacios donde él se pueda mover, es dejarnos seducir por su propuesta.

Reconocimientos

Solamente los que hemos asumido el desafío de escribir conocemos, de cerca, la soledad, el esfuerzo y el sacrificio que padece el escritor. Por el camino, son muchos los días en que se lucha intensamente con las dudas, el desánimo y el cansancio. Por esto, no tiene precio el aporte de aquellas personas que se acercan con palabras de ánimo, los que le dan al escritor un voto de confianza sin siquiera saber de qué trata el libro.

¡Cuánto bien me han hecho todos los que han entendido el valor de la exhortación del autor de Hebreos: «Pensemos en maneras de motivarnos unos a otros a realizar actos de amor y buenas acciones» (10:24)!

La familia es la que más sufre el proceso creativo de escribir. Son muchos los momentos del encierro necesario para producir cada capítulo, las ausencias que se producen para llegar a tiempo con los plazos de entrega. Por esto, mi profunda gratitud a mi amada Ruth y a mis hijas que han pagado también un precio para que se complete el proyecto.

Me han bendecido, de manera especial, algunos valientes que se comprometieron a orar, semana tras semana, mientras escribía. Muchas veces me han compartido palabras de ánimo y orientación cuando yo no encontraba la forma de expresar un concepto o cuando el cansancio se volvía intenso. Mi gratitud, de corazón, a estos que me han sido, además, compañeros de peregrinaje:

Eduardo Tatángelo, Juan Carlos Gervilla, Gustavo Caramelino, Walter Álvarez, Roberto Vilaseca, Eduardo Jakob y Fabián Rey... varones, todos, que me inspiran con su ejemplo.

El proceso de edición es, muchas veces, aún más intenso que el de escribir. En este caso, sin embargo, la editora de Tyndale, Sam Michelle Kopterski, alivió notablemente el proceso. Le ha sumado, con sus observaciones y sugerencias, mucha riqueza al manuscrito. Siempre atenta y de buen humor, ha sido un verdadero privilegio trabajar con ella en este proyecto.

Las reflexiones que comparto, el camino que he recorrido y las experiencias que me han formado son el fruto de la obra de Dios en mí. Me sumo a la convicción de ese gigante de la fe, Juan el Bautista: «Nadie puede recibir nada a menos que Dios se lo conceda desde el cielo» (Juan 3:27). No deja de asombrarme, sin embargo, que, siendo yo apenas un vaso de barro, el Señor haya decidido brillar a través de mi vida y me haya invitado a ser socio en la tarea de extender su reino. ¡Bendito su nombre, hoy y por siempre!

Apéndice 1

El valor de ser curioso

Acercarse al texto de la Palabra, para encontrar en ella revelación que te hable al corazón, requiere de tres pasos concretos:

1. La observación
2. La interpretación
3. La aplicación

En el primer paso, leemos un pasaje y buscamos identificar todos *los detalles* que contiene la porción. Intentamos responder a esta pregunta: *¿Qué dice el texto?*

Cuando avanzamos hacia el segundo paso, la interpretación, nuestro deseo es entender el *sentido* del texto. Intentamos encontrar la respuesta a esta pregunta: *¿Qué significa el texto?* Nuestro interés es discernir la forma en la que la Palabra habla específicamente a nuestras vidas.

En el tercer paso, buscamos convertir el principio que hemos identificado en una acción concreta porque entendemos que los que avanzan no son los oidores de la Palabra, sino los hacedores. En esta etapa, anhelamos responder a esta pregunta: *¿Qué debo hacer a la luz de esta verdad?*

Usemos, a modo de ejemplo, un texto conocido del apóstol Pablo:

> Por nada estén afanosos; antes bien, en todo, mediante oración y súplica con acción de gracias, sean dadas a conocer sus peticiones delante de Dios.
>
> FILIPENSES 4:6, NBLA

Existen muchos detalles interesantes en este texto, pero vamos a escoger dos de ellos. En primer lugar, **observamos** que Pablo emplea las palabras *nada* y *todo* al hablar de las preocupaciones. Ambas expresiones se refieren a extremos que no admiten ninguna excepción.

Notamos, además, otro detalle interesante. Las oraciones y las súplicas generadas por las situaciones que nos producen ansiedad deben ser acompañadas por un ingrediente que no se relaciona con la preocupación, *la acción de gracias.*

Si avanzamos hacia **interpretar** este texto, no nos hace falta mucha reflexión para entender que el Señor nos indica que no existe situación alguna en la vida que justifique una actitud de preocupación. Podemos, también, entender que nos ofrece una alternativa a la preocupación, esa costumbre que nos lleva a hablar con nosotros mismos sobre nuestros problemas. En lugar de eso, nos invita a hablar con él sobre los temas que nos preocupan, tal como lo hace Jesús en el jardín de Getsemaní. Esta conversación con Dios debe, siempre, verse acompañada por el espíritu de alabanza que genera la disciplina de la gratitud.

Con base en estos dos primeros pasos, podemos, entonces, tomar una acción concreta para **aplicar** la verdad que hemos aprendido: podemos estar atentos, durante el día, a aquellas situaciones que despiertan en nuestros corazones ansiedad. Ni bien percibamos esa reacción, vamos a convertir ese tema en motivo de oración. Inspirados por el corazón bondadoso de nuestro Padre y por su obra hacia nosotros, acompañaremos nuestras peticiones con expresiones de gratitud.

De esta manera, el proceso de dirigir nuestras vidas por medio de las verdades que exponen las Escrituras no resulta tan complejo como podríamos pensar. Cada vez que nos acercamos al texto con la intención de transitar, con cuidado, por estos tres pasos, el Señor hablará a nuestros corazones y nos entregará palabra de vida.

El peligro del apuro

A pesar de lo sencillo de este proceso, la mayoría de las personas no sacan mucho provecho de su lectura. Esto sucede, en parte, porque no están dispuestas a invertir el tiempo y el esfuerzo necesario para observar los detalles. El apuro y la pereza las llevan a quedarse con lo primero que se les cruzó por la mente cuando leyeron el pasaje. No están dispuestas a detenerse para intentar descubrir aquellas perlas que no se distinguen a primera vista. Por esto, acaban alejándose de la Palabra con la sensación de que «no les dijo nada».

La falta de diligencia en observar los detalles es, además, la principal razón por la que muchas interpretaciones arriban a cuestionables conclusiones que no cuadran con la Verdad revelada en las Escrituras completas. Al no haber prestado la debida atención a los detalles, acabamos echando mano de explicaciones erradas, o forzamos la Palabra a declarar algo que en realidad no expresa.

Un ejemplo de esto es lo que sucede con los discípulos cuando Jesús se encuentra con ellos junto al mar de Galilea después de haber resucitado. En una conversación íntima con Pedro, acaba revelando —nos explica Juan— la forma en que este moriría[82]. Pedro, intrigado por esta revelación, se anima a preguntarle al Señor sobre lo que sucederá con su amigo Juan.

[82] Juan 21:18-19.

Jesús responde: «Si quiero que él siga vivo hasta que yo regrese, ¿qué tiene que ver contigo? En cuanto a ti, sígueme»[83]. El mismo Juan explica lo que sucedió a raíz de esta declaración: «Así que entre la comunidad de los creyentes corrió el rumor de que ese discípulo no moriría; pero *eso no fue en absoluto* lo que dijo Jesús. Él solamente dijo: "Si quiero que él siga vivo hasta que yo regrese, ¿qué tiene que ver contigo?"»[84].

Esta escena revela lo fácil que es interpretar incorrectamente una frase o una declaración por no haber prestado la debida atención al contenido exacto de esa palabra.

La disciplina de observar

Queda claro, entonces, que antes de aventurarnos a interpretar el significado de la Palabra necesitamos invertir el esfuerzo necesario en observar los detalles del pasaje que leemos. Para esto, deberemos traer a nuestra lectura una serie de herramientas que nos ayudarán a encontrar todos los tesoros que contiene un pasaje.

Me ha resultado útil comparar este proceso con el que puede emplear un mecánico a la hora de reparar un motor. Un mecánico que cuenta solamente con un destornillador no podrá hacer mucho porque trabajar en un motor requiere de muchas herramientas distintas. Deberá contar con llaves fijas, con pinzas, con martillo, con llaves tubo, con pico de loro, con llave francesa y con otras herramientas que han sido especialmente diseñadas para el mecánico.

Del mismo modo, cuando nos acercamos a un texto, no podemos emplear una sola forma de mirar. Debemos traer una diversidad de herramientas que nos ayuden en el proceso de observar todos los detalles que contiene. Algunas de estas herramientas son:

---

83 Juan 21:22.
84 Juan 21:23, énfasis añadido.

- La pregunta
- La repetición
- La comparación
- El contraste
- Los tiempos verbales
- La progresión
- El énfasis
- La secuencia

Cada una de ellas nos ayudará a prestar atención a elementos en un texto que podrían, de otra manera, pasar desapercibidos.

La herramienta que deseamos analizar en este escrito es la de *la pregunta*. Pero no usamos preguntas para interrogar el pasaje, como si tuviéramos que extraer, por la fuerza, alguna revelación que ella no quiere entregar. Más bien deseamos dirigir nuestra atención hacia diferentes aspectos del texto que podrían, en un primer vistazo, escaparse de nuestra mirada. Las preguntas más comunes generalmente giran en torno a un adverbio interrogativo:

- Quién(es)
- Cuál(es)
- Qué
- Cuándo
- Dónde
- Por qué
- Cómo
- Cuán
- Cuánto
- Cuántos

De estos adverbios, el más difícil de usar es «por qué». Este generalmente intenta identificar motivaciones e intenciones en un texto, las cuales, por lo general, están escondidas.

Bajo la lupa

En este libro, he compartido muchísimas escenas en la vida de Jesús. He intentado, en varias de ellas, descubrir aspectos de los relatos que suelen escaparse de nuestra mirada. Volvamos ahora, a modo de ejemplo, a la Última Cena que compartió Jesús con los discípulos. Si hace tiempo que no lo lees, te animo a que te tomes unos minutos para volver a familiarizarte con el relato en Juan 13:1-17:

> Antes de la celebración de la Pascua, Jesús sabía que había llegado su momento para dejar este mundo y regresar a su Padre. Había amado a sus discípulos durante el ministerio que realizó en la tierra y ahora los amó hasta el final. Era la hora de cenar, y el diablo ya había incitado a Judas, hijo de Simón Iscariote, para que traicionara a Jesús. Jesús sabía que el Padre le había dado autoridad sobre todas las cosas y que había venido de Dios y regresaría a Dios. Así que se levantó de la mesa, se quitó el manto, se ató una toalla a la cintura y echó agua en un recipiente. Luego comenzó a lavarles los pies a los discípulos y a secárselos con la toalla que tenía en la cintura.
>
> Cuando se acercó a Simón Pedro, este le dijo:
>
> —Señor, ¿tú me vas a lavar los pies a mí?
>
> Jesús contestó:
>
> —Ahora no entiendes lo que hago, pero algún día lo entenderás.
>
> —¡No! —protestó Pedro—. ¡Jamás me lavarás los pies!
>
> —Si no te lavo —respondió Jesús—, no vas a pertenecerme.
>
> —¡Entonces, lávame también las manos y la cabeza, Señor, no solo los pies! —exclamó Simón Pedro.
>
> Jesús respondió:

—Una persona que se ha bañado bien no necesita lavarse más que los pies para estar completamente limpia. Y ustedes, discípulos, están limpios, aunque no todos.

Pues Jesús sabía quién lo iba a traicionar. A eso se refería cuando dijo: «No todos están limpios».

Después de lavarles los pies, se puso otra vez el manto, se sentó y preguntó:

—¿Entienden lo que acabo de hacer? Ustedes me llaman "Maestro" y "Señor" y tienen razón, porque es lo que soy. Y, dado que yo, su Señor y Maestro, les he lavado los pies, ustedes deben lavarse los pies unos a otros. Les di mi ejemplo para que lo sigan. Hagan lo mismo que yo he hecho con ustedes. Les digo la verdad, los esclavos no son superiores a su amo ni el mensajero es más importante que quien envía el mensaje. Ahora que saben estas cosas, Dios los bendecirá por hacerlas.

Esta es una maravillosa escena de intimidad que contiene muchísimos detalles interesantes que merecen nuestra atención. Nos acercamos al texto, entonces, armados con nuestros adverbios interrogativos e intentamos hacerle algunas preguntas. Incluiré, en cursiva, las respuestas de lo que vemos en el texto.

¿**Qué** sabía Jesús al momento de lavarles los pies a los discípulos?

Que había llegado su momento para dejar este mundo y regresar a su Padre.

¿**Cómo** amó Jesús a los suyos?

A lo largo de los años que compartió con ellos y hasta el final.

¿**Qué** sabía Jesús acerca de sí mismo?

Que el Padre le había dado autoridad sobre todas las cosas, que había venido de Dios y que regresaría a Dios.

¿**Cuándo** eligió Jesús lavar los pies de sus discípulos?

Durante la cena.

¿**Cuáles** verbos describen los pasos que dio Jesús para lavar los pies?

Se levantó; se quitó; se ató; echó agua en un recipiente.

¿**Quién** debería haber llevado a cabo esta tarea de lavar los pies?

El siervo de la casa[85].

¿De **quiénes** lavó los pies Jesús?

De todos los discípulos.

¿**Dónde** estaba Judas durante este proceso?

Presente.

¿**Cómo** les lavó Jesús los pies a sus discípulos?

Les quitó, con agua, la suciedad y se los secó con una toalla.

85 Para saber esto, necesitas la ayuda de un diccionario bíblico.

¿**Qué** sucedió con Pedro?

Cuestionó a Jesús por lo que quería hacer.

¿**Por qué** se opuso Pedro?

Hemos dedicado bastante tiempo a reflexionar sobre esta pregunta en este libro. La respuesta aparente es que Pedro no se siente digno, pero nos acercamos más a la respuesta cuando pensamos en la reacción típica frente a un Jesús que incomoda.

¿**Qué** le dijo Jesús a Pedro?

Identificó el problema que tenía Pedro: no entender lo que hacía el Señor en ese momento.

¿**Cómo** respondió Pedro a la primera explicación que le ofreció Jesús?

Fue categórico: «¡Jamás me lavarás los pies!».

¿**Cómo** respondió Pedro a la segunda explicación que le ofreció Jesús?

Quiso pedirle a Jesús que modificara su intención y lo lavara todo.

¿**Qué** nos dice la reacción de Pedro acerca de él?

Le cuesta aceptar, con humildad, que otro haga en su vida lo que quiere. Pedro quiere, a toda costa, dirigir el proceso.

¿**Cúando** les ofreció Jesús a los discípulos una explicación de lo que hizo?

Cuando terminó de lavarles los pies.

¿**Qué** afirmó Jesús acerca de su propia persona?

Que él era el Maestro y el Señor.

¿A **qué** conclusión apuntó?

Si él no había dudado en lavarles los pies, ellos también debían transitar por este camino.

¿En **qué** consistía la bendición para los discípulos en esta experiencia?

En que practicaran lo que habían visto a Jesús practicar.

Observamos que el uso de preguntas nos ha permitido identificar unos cuántos puntos de interés en esta asombrosa escena que describe el Evangelio. Nuestras observaciones no tienen mucho valor, sin embargo, si no podemos conectarlas con alguna reflexión sobre su importancia.

A continuación, entonces, te presento algunos comentarios adicionales (también en cursiva) a estas observaciones. Esto te ayudará a entender por qué las considero importantes[86].

«Jesús sabía que había llegado su momento para dejar este mundo y regresar a su Padre».

---

86 Por cuestiones de espacio, no he incluido algunos puntos que ya consideramos en otras partes de este libro.

El camino que lo conduce de vuelta al Padre requiere que pase por la cruz. Si alguna vez te has encontrado frente a una dura prueba, sabrás que, en ese momento, dejas de pensar en los demás y canalizas toda tu energía en prepararte para la prueba que tienes por delante. Jesús, sin embargo, a pesar de la durísima prueba que tiene por delante, elige ocuparse de sus discípulos y de sus necesidades. Sigue viviendo con un corazón atento a lo que sucede a su alrededor, haciendo a un lado sus propias necesidades.

Jesús amó a los suyos los años que compartió con ellos y «los amó hasta el final».

Muchas veces me he cruzado con personas que dicen que «amaron demasiado» a alguien. Esta frase no tiene lugar en la vida de Jesús, quien mantiene firme, hasta el final, el compromiso de amar a los suyos.

«Jesús sabía que el Padre le había dado autoridad sobre todas las cosas y que había venido de Dios y regresaría a Dios».

Esta frase muestra la conexión absoluta de Jesús con el Padre. Ha recibido de él la autoridad sobre todas las cosas y está a punto de regresar al seno del Padre. En síntesis, lavarles los pies a los discípulos ni le suma a Jesús algún beneficio ni le añade algún elemento a su vida que no posea ya. Es decir, él no gana absolutamente nada con lavarles los pies a los discípulos. Esta es, entonces, la expresión más pura de amor: dar sin recibir nada a cambio.

Eligió lavarles los pies durante la cena.

> *La cena es un momento en el que nos disponemos a disfrutar de una rica comida y de la comunión con otros. Cuando nos acomodamos a la mesa para cenar, somos reticentes a levantarnos para ir a buscar la sal o alguna otra cosa que se haya quedado olvidada en la cocina. Muchas veces, preferimos comer sin sal para no interrumpir nuestra comodidad. Jesús, sin embargo, sacrifica su comodidad para atender a los discípulos.*

Para proceder con lo que se había propuesto, Jesús se levantó, se quitó el manto, se ató una toalla, echó agua en un recipiente y comenzó a lavarles los pies a los discípulos.

> *El amor es más que un sentimiento. Exige algo más que palabras. El amor se expresa a través de acciones concretas que requieren que aquel que ama tome pasos concretos para demostrar la forma en que valora la vida de la otra persona. Vemos, además, que Jesús los amó ofreciéndoles algo que necesitaban. Evitó, de esta manera, darles algo innecesario, sin conexión con la realidad de ellos.*

Les lavó los pies a todos los discípulos, incluyendo a Judas.

> *Esta observación es increíblemente fuerte. Si alguna vez has luchado con sensaciones de enojo o de resentimiento hacia alguien que te ha tratado mal, sabrás lo difícil que es no discriminar contra esa persona a la hora de amar. El texto no registra que los discípulos hayan percibido algo diferente en la forma en que Jesús le lavó los pies a Judas, lo que indica que lo hizo con la misma devoción y ternura con la que les lavó los pies a los otros once.*

Cuando terminó de lavarles los pies, les ofreció una explicación.

Quizás registres una importante diferencia aquí si lo comparas con la forma en la que solemos movernos cuando queremos enseñar algo. Solemos darle mucha más importancia a la explicación que a la demostración. De hecho, la demostración muchas veces queda pendiente. Jesús invirtió este orden. Primero dio una demostración práctica del amor, y luego le sumó una explicación. De seguro el dramatismo de la experiencia es una de las razones por las que los discípulos nunca olvidarían esta enseñanza. Observamos, además, que Jesús prioriza el ver sobre el entender. La demostración práctica del amor graba, de manera dramática, la enseñanza en los corazones de los discípulos. Es posible que olviden lo que han escuchado, pero será mucho más difícil que olviden lo que han visto.

La bendición para los discípulos consiste en practicar lo que han visto a Jesús hacer.

Hemos dedicado mucho espacio en este libro a resaltar la importancia de la práctica. Aquí vemos otra vez a Jesús señalar que la bendición llega por hacer, no por saber, lo que se les ha enseñado. Sin vivencia, la verdad no libera la capacidad de traerle bien a la vida.

Espero que este ejemplo sirva para demostrarte las formas en las que la observación y la interpretación cuidadosa y paciente del texto bíblico nos puede ayudar a descubrir en ella verdades que no son aparentes cuando leemos un pasaje a las corridas. He sido profundamente enriquecido por el proceso de acercarme al texto con la intención de mirar más allá de lo que perciben mis ojos a primera vista. No deseo, de ninguna manera, obligar al texto a entregarme lo que no desea o no puede entregarme. No obstante, estoy convencido de que hemos sido llamados a mirar atentamente la ley perfecta de Dios, tal como nos exhorta Santiago[87]. Esto requiere de nosotros una actitud de diligencia y de esmero, pero nos dará acceso a tesoros de los cuales otros ni siquiera sueñan.

87 Santiago 1:25.

Apéndice 2

El arte de la pregunta

¡La clave para fomentar el diálogo!

¡Qué herramienta más fabulosa es la pregunta! Con ella, estimulamos los pensamientos, provocamos las reacciones, invitamos al diálogo y mostramos interés por los demás. Cuando la pregunta es buena, ni siquiera pensamos en ella, porque estamos interesados en la respuesta. Donde existan las buenas preguntas, encontraremos un grupo de personas entusiasmadas y deseosas de compartir.

Hay preguntas, sin embargo, ¡que matan! Esto no tiene que ver con que sean muy personales o demasiado difíciles de contestar... aunque también hay de esas. A las que me refiero, sin embargo, son aquellas que producen un solo resultado: apagar definitivamente toda posibilidad de desarrollar un buen diálogo. Debemos evitar que esto suceda, porque la conversación es la herramienta con la que nos acercamos los unos a los otros. Por esto, es importante cultivar el arte de hacer buenas preguntas. ¡Una buena pregunta puede cambiar una vida!

Pero ¿qué es lo que diferencia una buena pregunta de una mala?

La esencia de una buena pregunta

No se conforma con un «sí» o un «no».

Una buena pregunta no se puede responder con un simple «sí» o «no». Considera estos ejemplos:

- ¿Te gustó la reunión?
- ¿Vives cerca?
- ¿Tienes algún trabajo?

La respuesta a estas preguntas no nos proveerá mucha información, y la conversación se acabará de inmediato. Si las formulamos de otra manera, sin embargo, tendrán más posibilidad de generar una conversación:

- ¿Qué te pareció la reunión?
- ¿Dónde vives?
- ¿Qué clase de trabajo realizas?

Como verás, es un cambio muy sutil, pues la idea fundamental de la pregunta es la misma, pero tiene el potencial de transformar la conversación por completo.

USA ADVERBIOS INTERROGATIVOS.
Habrás notado, en estos últimos ejemplos, que cada pregunta comienza con un adverbio: qué y dónde, de los cuales son parte también cuándo, cómo, cuánto, por qué, quién, etcétera. Estas preguntas, por lo general, requieren una frase como respuesta. Observa, en estos ejemplos, cómo pueden estas preguntas abrir un estudio bíblico a la participación de todos:

- ¿Cuál fue la actitud de Pedro?
- ¿Qué lugar ocupa la oración en nuestras vidas?
- ¿Cuál es la consecuencia de andar en el pecado?

Si bien las respuestas pueden ser fáciles, te darás cuenta de que no se pueden responder con un breve «sí» o «no».

Es clara.

Una buena pregunta debe ser breve, simple y clara. No debe requerir de explicaciones si fue bien expresada. Si la persona no la entendió, es posible que necesites usar otras palabras para formularla. Con el tiempo, aprenderás a evitar las preguntas rebuscadas y vuelteras.

Busca, y da lugar a, una respuesta genuina.

No debes sugerir, con tu pregunta, la respuesta que piensas que debe dar la otra persona. Por ejemplo, si dices: «¿Puede una misma persona ser cristiana y también abogada?», das a entender que tú ya has formado una opinión al respecto y simplemente quieres que la otra persona te la confirme.

Estas preguntas son tendenciosas porque guían la conversación por donde nosotros queremos transitar. Por esto debemos evitar también aquellas preguntas que hacemos solamente para mostrar lo que nosotros sabemos. Considera este ejemplo: «¿Sabías que la mayoría de las personas no saben que Israel es el pueblo prometido de Dios?».

Lo más probable es que uno quiera usar esta pregunta para hablar de un tema que le apasiona, pero también es probable que excluya a la otra persona de la conversación. Tales preguntas parecen incluir a otros, pero en realidad son una excusa para que nosotros sigamos hablando.

No temas al silencio.

La reacción inicial de algunos, frente a una pregunta, es creer que no saben la respuesta. Necesitarás animarlos a hablar, a explorar más el tema. Respeta el tiempo que necesitan para pensar. Si aún no responden, ayúdalos haciendo la misma pregunta con otras palabras. Estimula el proceso de pensamiento.

Lo importante es que no te pongas nervioso con los silencios y que no te sientas obligado a decir algo porque la otra persona no ha respondido. No te des por vencido. La mayoría de las personas, si las animamos, se atreverán finalmente a compartir lo que tienen en el corazón.

Respeta a la otra persona.

Dicho eso, sí debes prestar atención a las reacciones de la otra persona. Si percibes —ya sea por su silencio, por la expresión en su rostro o por su mirada— que tu pregunta la incomoda o la conduce por un camino que no quiere recorrer, no debes insistir que responda a tu pregunta. Una pregunta nunca debe humillar, avergonzar ni obligar a la persona a hablar. La pregunta es, siempre, una amorosa invitación a un intercambio voluntario entre dos o más personas.

La esencia de una buena conversación

Ahora que entiendes los principios básicos para usar preguntas, podemos pensar en la forma de desarrollar conversaciones que edifican, aquellas que se conectan con el corazón de las personas que participan de ellas.

Suma más preguntas a la primera.

Una sola pregunta no servirá para desarrollar una conversación, a menos que ya exista mucha confianza con la otra persona. Cuando compartimos con otra persona una relación fluida, sostenida en el tiempo, una pregunta puede ser todo lo que se necesita para retomar la conversación que es un importante ingrediente de la amistad que disfrutan. En la mayoría de los casos, sin embargo, no lograrás mucho con una sola pregunta.

Supongamos que le preguntamos a alguien: «¿Cómo estuvo tu

semana?». La persona, por lo general, supondrá que simplemente estamos demostrando cortesía hacia ella, por lo que responderá: «Bien, gracias». Tal respuesta no nos dice mucho acerca de lo que sucedió en su vida durante la semana. Si le sumo otra pregunta, sin embargo —como: «¿De qué manera te sentiste desafiada en esta semana?»—, la otra persona necesitará pensar más acerca de lo que vivió durante esos días.

ESCUCHA CON EL CORAZÓN.

Aquí debo insertar una advertencia: es posible usar demasiadas preguntas y hacer que la persona se sienta interrogada. No queremos dar esta sensación. Más bien, queremos que perciba que genuinamente estamos interesados en ella. Por esto, puedes sumar nuevas preguntas a las que has compartido, pero asegúrate de responder siempre con interés y sensibilidad a lo que la persona comparte. La meta del intercambio no son las preguntas, sino crear las condiciones necesarias para una buena conversación.

En ese marco, la pregunta es apenas una de tus herramientas. Es decir, no preguntamos por preguntar, sino para conocer más a la otra persona. Por esto, es muy importante escuchar con mucho discernimiento. Como vimos, ten cuidado de no interrumpir ni de anticipar la respuesta, y respeta los tiempos que necesita alguien para elaborar una respuesta.

A medida que sumemos nuevas preguntas, estas deben elaborarse según los comentarios y las respuestas que dé la otra persona. Por eso, mis preguntas deben moverse al compás de la conversación. Considera este ejemplo:

Persona 1: «¿Cómo estuvo tu semana?».
Persona 2: «Normal».
Persona 1: «¿Puedes identificar algún momento que te entusiasmó más que los demás?».
Persona 2: «Mmm, no sé. Mi vida es bastante rutinaria».

Hasta aquí, no hemos logrado avanzar mucho, pero ¿qué ocurriría si uso el último comentario para hacer otra pregunta?

Persona 1: «¿Qué sensaciones te produce esa rutina semanal?».
Persona 2: «Me tiene un poco cansado. Quisiera que sucediera algo nuevo en mi vida, algo diferente».

En este punto, la persona ha comenzado a compartir algo cercano a su propio corazón. Hemos arribado al lugar en el que podremos, si respondemos con sabiduría, quizás invitarla a una reflexión productiva acerca de algunos posibles cambios para romper con esa rutina. Pero recuerda que tu función es estimular los pensamientos de la otra persona, no pensar por ella.

Recuerda, también, que la necesidad más importante que tiene la otra persona es ser escuchada. No cedas ante la tentación de darle sugerencias ni de buscar la forma de resolver sus problemas *a menos* que ella claramente te indique que eso es lo que está buscando. Un espíritu compasivo y tierno muchas veces ministra más efectivamente que la multitud de consejos.

Responde a una pregunta con otra pregunta, si es necesario.

Como acabo de mencionar, descubrirás, con la experiencia, que quienes hacen preguntas a veces han elaborado una opinión al respecto y simplemente están buscando la oportunidad de compartirla. Si respondes a ellos con una pregunta propia, sin embargo, los obligas a seguir pensando en el tema, y eso es muy valioso. Por eso es que Jesús muchas veces invierte la pregunta e invita a la persona que la trajo a que la responda.

Profundiza.

Existen cinco niveles de conversación:

1. Hablar de cosas:
   - «Qué tremendo el frío que está haciendo».
   - «¿Pudiste ver el partido del fin de semana?».
   - «¿Qué te parece el nuevo modelo de auto que sacó la empresa?».
2. Hablar de personas[88]:
   - «¿Supiste lo que le pasó a la hermana Isabela?».
   - «Escuché que despidieron al ministro de educación».
   - «Los Jiménez no la están pasando bien con ese hijo que tienen».
3. Hablar de opiniones:
   - «¿Qué te parece el nuevo libro de Warren?».
   - «No me gustan los cruceros porque siempre se encuentra uno con muchas personas».
   - «Ir a votar me parece una pérdida de tiempo».

Estos primeros tres niveles ofrecen intercambios de bajo riesgo porque revelamos poco de lo que hay en nuestros corazones.

4. Hablar de sentimientos:
   - «Me dejó muy triste enterarme de la enfermedad del pastor Walter».
   - «Me siento desanimado cuando veo la cantidad de problemas que debo resolver».
   - «Me duele mucho cada vez que pienso en lo que me tocó vivir con mi padre».

---

[88] Debemos tener mucho cuidado, en este nivel, de no ceder ante la tentación del chismerío. Nuestras palabras, como señala Pablo en Efesios 4:29, *siempre* deben sumar bendición al que escucha. Una buena regla, aquí, es la siguiente: «Si no tienes algo bueno que decir de otra persona, no lo digas».

5. Hablar de necesidades:

    - «Me gustaría que alguien, alguna vez, me preguntara cómo estoy».
    - «Quiero sentirme útil en algún ministerio de la congregación».
    - «Necesito que alguien me ayude a entender por qué Dios permite el sufrimiento».

Las buenas preguntas finalmente conducen hacia los niveles cuatro y cinco porque es allí que la persona comienza a compartir intimidades de su propio corazón. «¿Cómo estuvo tu día?» puede responderse con cualquiera de los primeros tres niveles. No obstante, si le pregunto a esa persona: «¿De qué manera te usó el Señor hoy para bendecir a alguien?», va a ser difícil que me responda sin profundizar más la conversación.

Practica

Queda claro que es más difícil hacer buenas preguntas de lo que parece. Requiere de práctica. Usa tu experiencia para evaluar cuáles preguntas han sido buenas y cuáles necesitan de más trabajo. Con el tiempo, comenzarás a hacerte del hábito de usar preguntas que siempre inviten a una conversación. Podrás, usando la creatividad, explorar opciones para elaborar preguntas que sorprendan a quienes las escuchen.

Si haces una búsqueda en internet de «Buenas preguntas para iniciar conversaciones», encontraras decenas de sitios que ofrecen ejemplos que pueden ser útiles a la hora de entablar intercambios edificantes con los demás[89]. Para encaminarte en el proceso, tam-

[89] Si no sabes por dónde comenzar en línea, un buen recurso podría ser el artículo «Las preguntas que llevan al amor» por Daniel Jones, publicado en el *New York Times* en el 2015: https://www.nytimes.com/es/2015/02/10/espanol/cultura/las-36-preguntas-que-llevan-al-amor.html. (Las preguntas no son exclusivamente románticas).

bién te comparto, aquí mismo, algunas preguntas que puedes usar con las personas con las que te cruces en tu comunidad:

- ¿En qué área de tu vida te gustaría crecer más?
- Si pudieras pedirle al Señor una cosa, ¿qué le pedirías?
- ¿Con qué desafío luchas en este momento?
- ¿A qué persona usó el Señor este año para bendecirte?
- ¿En qué momento has podido ser una bendición para otra persona?
- ¿Qué lección has aprendido durante el último mes?
- ¿Qué reacciones te producen los problemas en la vida?
- Si pudieras darle a otra persona un consejo para la vida, ¿qué le dirías?
- ¿Qué texto ha usado el Señor para desafiar tu vida?

Libros recomendados

Bonhoeffer, Dietrich. *El costo del discipulado: La dicotomía entre gracia barata y gracia sublime*. Editorial Peniel, 2017.

Bonhoeffer, Dietrich. *Vida en comunidad*. Ediciones Sígueme, 2024.

Comer, John Mark. *Practica el camino: Vive con Jesús, sé como él, sigue sus enseñanzas*. Origen, 2024.

Foster, Richard J. *Celebración de la disciplina: Hacia una vida espiritual más profunda*. Editorial Peniel, 2009.

Hermano Lawrence. *La práctica de la presencia de Dios*.

Keller, Timothy. *El Dios pródigo: Recuperemos el corazón de la fe cristiana*. Poiema Publicaciones, 2022.

Manning, Brennan. *El león y el cordero: La implacable ternura de Jesús*. Editorial Peniel, 2017.

Nouwen, Henri J. M. *Formación espiritual: Siguiendo los impulsos del Espíritu*. Editorial Sal Terrae, 2011.

Nouwen, Henri J. M. *En el nombre de Jesús: Reflexiones sobre el liderazgo cristiano*. Editorial Peniel, 2025.

Ortlund, Dane. *Manso y humilde: El corazón de Cristo para los pecadores y heridos*. B&H Español, 2021.

Rolheiser, Ronald. *En busca de espiritualidad: Lineamientos para una espiritualidad cristiana en el siglo XXI*. Editorial Lumen, 2003.

Scazzero, Peter. *Espiritualidad emocionalmente sana: Es imposible tener madurez espiritual si somos inmaduros emocionalmente*. Vida, 2015.

Willard, Dallas. *El espíritu de las disciplinas: ¿Cómo transforma Dios la vida?* Vida, 2010.

Yaconelli, Mike. *Espiritualidad sin hipocresía: El amor perfecto de Dios por la gente imperfecta*. Vida, 2018.

Yancey, Phillip. *El Jesús que nunca conocí*. Vida, 1996.

Acerca del autor

CHRISTOPHER SHAW, nacido en Argentina, fue el director general de Desarrollo Cristiano Internacional, una organización que proveía apoyo y recursos a pastores y líderes en América Latina. Fue, durante diez años, el director editorial de la revista *Apuntes Pastorales*. Completó, en 1982, estudios en Teología en el Instituto Bíblico Buenos Aires. Obtuvo, en 1985, una maestría en Formación y Discipulado y, en 1989, un doctorado en Misiones del Seminario Teológico Fuller en Los Ángeles, California. Christopher ha trabajado durante más de cuarenta años en el ministerio de formación de líderes, viajando extensamente por América Latina para participar en seminarios, cursos y conferencias. En la actualidad, trabaja acompañando a pastores en procesos de mentoreo y asesoría. Es el autor de tres libros —*Alza tus ojos* (2005), *Dios en sandalias* (2009) y *De día y de noche* (2017)— que invitan a una reflexión diaria basados en un texto de la Palabra. Trabajó, además, con Alex y Nathalia Campos en el libro *Enséñame a amar* (2019). Está casado con Ruth, con quien comparte cinco hijos y dos nietos. Reside en Buenos Aires, Argentina.